Alfred Bock

Deutsche Dichter in ihrer Beziehung zur Musik

unikum

Alfred Bock

Deutsche Dichter in ihrer Beziehung zur Musik

ISBN/EAN: 9783845741987
Erscheinungsjahr: 2012
Erscheinungsort: Bremen, Deutschland

© *Unikum Verlag in Europäischer Hochschulverlag GmbH & Co. KG, Fahrenheitstr. 1, 28359 Bremen. Alle Rechte beim Verlag und bei den jeweiligen Lizenzgebern.*

www.unikum-verlag.de | office@unikum-verlag.de

Bei diesem Titel handelt es sich um den Nachdruck eines historischen, lange vergriffenen Buches. Da elektronische Druckvorlagen für diese Titel nicht existieren, musste auf alte Vorlagen zurückgegriffen werden. Hieraus zwangsläufig resultierende Qualitätsverluste bitten wir zu entschuldigen.

Alfred Bock

Deutsche Dichter in ihrer Beziehung zur Musik

Deutsche Dichter

in ihren Beziehungen zur Musik

❦❦

Klopstock ⁕ Wieland ⁕ Lessing ⁕ Schiller
Goethe ⁕ Herder ⁕ Jean Paul ⁕ Romantiker
Hoffman ⁕ Lenau ⁕ Heine ⁕ Grillparzer.

Von

Alfred Bock.

Neue Ausgabe.

Gießen
J. Ricker'sche Verlagsbuchhandlung
1900.

Inhalt.

Geleitwort.

Das Buch, das ich hiermit der Oeffentlichkeit über=
gebe, erhebt keineswegs den Anspruch, das darin
behandelte Material erschöpft zu haben. Die Arbeit stellt
sich lediglich als Versuch dar, die Beziehungen unserer
vaterländischen Dichter zur Musik unter einem großen
einheitlichen Gesichtspunkt zu entwickeln. Ich hoffe da=
mit dem Kunstliebhaber eine willkommene Anregung,
dem Fachmann einige Fingerzeige geben zu können.

Zu besonderem Danke bin ich der Redaction der
Allgemeinen Zeitung in München verpflichtet. Sie hat
mir bereitwilligst gestattet, die Essays über Wieland,
Jean Paul, Lenau und E. T. A. Hoffmann diesem Buche
einzuverleiben, nachdem dieselben in der Allgemeinen
Zeitung an erster Stelle zum Abdruck gelangt waren.

Gießen, im Februar 1893.

Alfred Bock.

Einleitung.

Wie Frühlingswehen nach langer Wintersnoth erhob sich um die Mitte des vorigen Jahrhunderts jene gewaltige geistige Bewegung, der das deutsche Volk die Wiedergeburt der nationalen Dichtung verdankt. Neugestaltende nationale Cultursiege verleihen allen Gebieten geistigen und künstlerischen Schaffens ihre Prägung. So erlebte in dieser Epoche machtvollen Emporstrebens auch die Musik, die dem Genius deutscher Kunst lange entfremdet war, zugleich mit der Dichtkunst eine glänzende Auferstehung. Sinn und Verständniß für die vaterländische Musik waren verloren gegangen. Erst Bach und Händels erhabene Werke gaben dem deutschen Gemüth sein ureigenes musikalisches Empfinden zurück. Mit dem Erwachen des lyrischen Gefühls blühte die Composition des deutschen Liedes empor. Seine „musikalischen Versuche" führte Zachariä (1761) mit den Worten ein: „Obgleich die Sammlung nur deutsche Texte enthält, so schmeichle ich mir doch nicht ohne Grund, daß deutsche Worte, besonders die Poesien eines Gellert, sich ebenso gut singen lassen als die

Poesien eines Metastasio." Allmälig vollzog sich die Befreiung des deutschen Liedes vom Zopfstil zu einer reineren edleren Form. Das Lied führte deutsche Dichtung und deutsche Musik zu innigem Bündniß zusammen. Glucks Compositionen der Klopstock'schen Oden sind das kostbarste Vermächtniß aus jener merkwürdigen Zeit.

Durch Glucks Meisterwerke angeregt, ergriffen die führenden Geister der Nation für den Gedanken einer Opernreform Partei. In seiner Theorie der schönen Künste eröffnete der Aesthetiker Sulzer den Kampf gegen die veraltete italienische Manier. „Der festeste Grund," schrieb er, „um die Oper als ein prächtiges und herrliches Gebäude zu errichten, wäre ihre genaue Verbindung mit dem Nationalinteresse eines ganzen Volkes. . . . Wichtig und ehrwürdig könnte die Oper sein, wenn sie auf den Hauptzweck aller schönen Künste geleitet und von wahren Virtuosen bearbeitet würde." Sulzers verdienstvolles Werk war 1761 erschienen. Zwei Jahre später trat Wieland mit der Leidenschaft und Energie, die die Genieperiode charakterisiren, für die Sache der Opernreform in die Schranken. Lessing erhob für die dramatische Verbindung von Poesie und Musik sein gewichtiges Wort. Seine Hoffnung vom Drama der Zukunft hatte Schiller auf die Oper gebaut. Goethe's und Herders vielseitige musikalische Interessen waren auf der Höhe ihres Lebens einer neu zu schaffenden deutschen Oper zugewandt. Die Ro=

mantiker, in ihrem subjectivistischen Unvermögen, etwas Typisches zu schaffen, konnten nur durch ihre auf das Volksthümliche gerichteten Bestrebungen vorübergehend auf den Werdegang der Oper Einfluß gewinnen. Unaufhaltsam und wohlvorbereitet schritt die Entwickelung der Oper voran, bis sie im musikalischen Drama die höchst mögliche Stufe der Vollkommenheit erreichte.

So interessant, wie die nachfolgenden Blätter darzuthun versuchen, sich die Beziehungen unserer großen Dichter zur Musik gestalten, so darf als wichtigstes Ergebniß unserer ästhetischen Versuche die daraus gewonnene Erkenntniß gelten: daß das Opernideal, das Klopstock, Wieland, Lessing, Herder, Schiller und Goethe vorgeschwebt hatte, erst durch die Musikdramen Richard Wagners die vollendetste künstlerische Gestalt erhielt, daß die Wagnerkunst, die noch vor wenigen Lustren als etwas Unerhörtes mißverstanden und verlästert wurde, sich als die letzte bedeutende Phase in der folgerechten Entwickelung deutscher Kunst darstellt und das große Werk krönt, zu dem die Heroen unserer Nationalliteratur die Bausteine gesammelt haben.

Klopstock

———

Klopstock.

Freundin, was ist Gesang? „Gesang ist, wenn Du nur hörest,
Ernst wirst oder weinst oder Dich inniger freust.
Arien all' der Bravura sind nur Schulübungen, die man
Hält, zu lernen des Tons Bildung für den Gesang."
Also ist nicht Gesang die Bravura? „Sie sammelt schöne
Farben in Masse mit Kunst; aber hat sie gemalt?"

❧

Wenn die Musik das Gedicht ausdrückt, so ist sie Gesellin,
Wenn sie für sich ihr weniges Allgemeines, so ist sie
Meisterin zwar; allein nur schade, daß die Gesellin
Ueber die Meisterin ist.

(Epigramme.)

Der höchste Idealismus, dem Klopstocks Muse Ausdruck lieh, konnte die „einseitig idealistische Geistesart" nicht verleugnen, die bereits Bodmer in Zürich an dem jugendlichen Sänger des Messias getadelt hatte. Diese von einem hohen Selbstgefühle getragene Einseitigkeit erklärt uns auch die Thatsache, daß er sich bis zu seinem vierzigsten Lebensjahre nicht im Geringsten für die Tonkunst interessirt und von den Meisterwerken seiner großen Zeitgenossen, Händel und Bach, so gut

1*

wie nichts kennen gelernt hatte. Erst durch Gersten=
berg, den Dichter des Ugolino, der 1763 nach Kopen=
hagen gekommen war und mit seiner jungen begabten
Gattin ein musikalisches Haus eröffnet hatte, war Klop=
stock für die Tonkunst gewonnen worden.*) Gersten=

---

*) „Klopstock,“ sagt Franz Muncker in seiner vortrefflichen
Biographie, „besaß von Natur ein feines musikalisches Gefühl;
er hatte dieses Talent aber völlig unausgebildet gelassen. Der
tadellose Rhythmus seiner Verse war der große Gewinn, den der
Dichter davon erntete; allein um sein geselliges Leben künstlerisch
zu erheitern, dazu konnte er seine musikalische Anlage nicht ver=
werthen. Er spielte kein Instrument und sang erst in späteren
Jahren mit guter Stimme das eine oder das andere Lied im
Chore mit. Auch seine Kenntniß der musikalischen Literatur
scheint lange Zeit nicht eben reich gewesen zu sein. Durch den
Verkehr mit Gerstenberg wuchs dieselbe zugleich mit seiner Ein=
sicht in die musikalische Technik bedeutend. Jetzt stellte sich Klop=
stock sogar einen Flügel in seiner Stube auf und versuchte bei
leichteren Stücken wohl auch etwas mitzusingen. Mit Gersten=
berg las er Melodien aus, die ihnen besonders gefielen, und ver=
fertigte dazu neue Texte oder modelte die alten nach seinem Ge=
schmacke um. So bildete er 1767 das „Stabat Mater“ frei in
deutscher Sprache nach. Sogar griechisch mußte Frau Sophia
(Gerstenberg) ihm zum Scherze mitunter singen. Aber mit der
Reproduction fremder Meisterwerke begnügte man sich keineswegs.
Gerstenberg lieferte nicht nur den Text zu einer mehrfach com=
ponirten Cantate und arbeitete noch in späteren Jahren an einer
Oper, über deren Anfang er sich das Urtheil des Freundes erbat,
oder äußerte sich theoretisch über die Mängel der italienischen
Compositionsweise, über die Möglichkeit einer Programmmusik
ohne Worte, sondern Klopstock veranlaßte ihn auch, daß er die
eine und andere Strophe aus seinen Oden oder aus dem Triumph=
gesange des „Messias“ in Noten setzte.“

berg, der praktisch und theoretisch musikalisch fein ge=
bildet war und ernstlich an einer Reform der Opern=
musik arbeitete, machte ihn mit den hervorragendsten
älteren und neueren Componisten vertraut und gab ihm
die Anregung, nach einem musikalischen Talent zur
Composition seiner Dichtung Umschau zu halten. Der
bekannte Componist und Capellmeister Joseph Adolph
Hasse, der Mann der Faustina Hasse, war der erste
Meister, auf den sich Klopstocks Blicke richteten. Am
22. November 1766 schrieb er an den Jesuitenpater
Denis, Lehrer der schönen Wissenschaften am There=
sianum zu Wien: "Ich weiß nicht, ob Euer Hochwürden
mit dem Capellmeister Hasse bekannt sind. Sollten
Sie es seyn, so ersuche ich Sie, ihn in meinem Namen
zu fragen, ob er von mir Fragmente aus dem XXsten
Gesang des Messias erhalten habe? Meine Anfrage
geschieht nicht deßwegen, daß ich seine Antwort jetzt
schon erwartete, sie wird nur von meiner Begierde zu
wissen, wie er meine Bitte an ihn aufgenommen habe,
veranlaßt. Ich will Ihnen sagen, worauf mir's haupt=
sächlich bei dieser Sache ankömmt. Ich habe mich bis=
her in einigen Nebenstunden damit beschäftigt, eine
Abhandlung vom Sylbenmaaße zu schreiben. In
dieser Abhandlung kommt, wenn ich es so nennen darf,
eine Episode von der metrischen Composition vor. Sie
sehen gleich, daß ich durch metrische Compositionen nichts
anders als den genauen Ausdruck des Sylbenmaaßes
in der Musik verstehn kann. Wenn mir nun Hasse

einige von den Sylbenmaaßen der Fragmente componirt, so lerne ich von ihm (und ich möchte nicht gerne von einem kleinen Meister lernen), ob ich in meiner Theorie Recht oder Unrecht habe. Denn ich bin, wie verliebt ich auch in die eigentliche, wahre simple Musik bin, doch ein Laye in allem, was musikalische Theorie heißen kann und ich habe nur erst seit ehegestern die Lehr vom Tacte ein wenig studirt." Hasse lehnte unerwartet eine Verbindung mit Klopstock ab, denn schon am 6. Januar 1767 meldete der Dichter dem Pater Denis: „Hasse entschuldigt sich bei mir mit Kränklichkeit und Geschäften. Ich glaube ihm, doch versteht er vielleicht weder die Sprache noch den Inhalt genug. Wenn er Sie zum Besitzer meines Briefes an ihn machen will, so sehe ich ihn nur lieber in Ihren als in seinen Händen. Wenn er nicht sehr kränklich ist, so verdrießt mich's, daß, da ich ihn für Patriot genug gehalten habe, ihm die Composition meiner deutschen Sylbenmaaße anzubieten, er es nicht gewesen ist." Klopstock war verstimmt und gereizt, allein Hasse, der seine musikalische Bildung in Italien empfangen hatte und nur im italienischen Geschmacke dachte und componirte, konnte den Gedanken und Absichten des deutschen Dichters gar kein Verständniß entgegenbringen.

Um dieselbe Zeit war Klopstock*) der Name Glucks

---

*) 1770 war Klopstock von Kopenhagen nach Hamburg über=
gesiedelt. Gerstenbergs musikalisches Haus mußte ihm der Ver=

zum ersten Male genannt worden. „Gluck in Wien,“ schrieb er an Gleim, „ein Componist, der nach dem Ausspruch eines großen Kenners der einzige Poet unter den Componisten ist, hat einige Strophen aus den Barden= gesängen mit dem vollen Tone der Wahrheit ausgedrückt. Ich habe zwar seine Compositionen noch nicht, aber Alle, die sie gehört haben, sind sehr dafür eingenommen.“ In der Gelehrtenrepublik verkündete Klopstock: „Wenn die Musik ohne Worte reden will, so ist ihr Ausdruck sehr unvollkommen und das nicht allein deswegen, weil er allgemein ist und keine einzelnen Gegenstände be= zeichnet, sondern auch, weil er noch dazu nur wenig Allgemeinheiten hat. Die Musik, welche Worte aus= drückt oder die eigentliche Musik ist Declamation. Denn hört sie etwa auf dieses dadurch zu seyn, weil sie die schönste Declamation ist, die man sich denken kann? Sie hat ebenso Unrecht, wenn sie sich über das Gedicht, das sie declamirt, erhebt, als wenn sie unter demselben ist. Denn dies Gedicht und kein anderes völlig angemessen auszudrücken, davon war ja hier die Rede und ganz und gar nicht davon, überhaupt zu zeigen, wie gut man declamiren könne. Aber so wäre ja die Musik unter der Dichtkunst? Haben sich denn die Grazien jemals geschämt, der Venus den Gürtel

---

kehr mit der Sängerin Johanna Elisabeth von Winthem (nach= mals seine zweite Frau) ersetzen. Ihren Gesang feierte er in mehreren Oden. Auch zu dem Musikdirector K. Ph. Emanuel Bach trat er in freundschaftliche Beziehungen.

anzulegen?" Der deutſche Dichter, der der franzöſiſchen
Convention in der deutſchen Literatur den Fehdehandſchuh
hingeworfen und der deutſchen Dichtung neue Bahnen er=
öffnet hatte, war dem deutſchen Componiſten, deſſen
Reform auf dem Gebiete der Opernmuſik für die Ent=
wickelung des muſikaliſchen Dramas von entſcheidendem
Einfluß war, auf halbem Wege entgegengekommen.
Wiederum war es der Pater Denis, der den Verkehr
zwiſchen dem Dichter und dem Componiſten vermittelte:
„Der Pater Denis," ſchrieb Gluck am 14. Auguſt 1773
an Klopſtock, „hat mir zu wiſſen gemacht, daß Sie ein
Verlangen tragen, diejenigen Strophen, ſo ich über
dero Hermannsſchlacht komponiert, zu erhalten. Ich
hätte Ihnen ſchon lange damit gedienet, wenn ich nicht
geometriſch verſichert wäre, daß viele keinen Geſchmack
daran finden würden, weil ſie mit einem gewiſſen An=
ſtand müſſen geſungen werden, welcher noch nicht ſehr
in der Mode iſt; denn obwohl Sie vortreffliche Thon=
künſtler haben, ſo ſcheinet mir doch die Muſic, welche
eine Begeiſterung begehrt, in Ihren Gegenden noch ganz
fremde zu ſehn, welches ich aus der Rezenſion, die zu
Berlin über meine Alceſte iſt gemacht worden, klar er=
ſehen habe. Ich bin ein ſo großer Verehrer von denen=
ſelben, das ich Ihnen verſpreche: (wenn Sie nicht nach
Wien gedenken zu kommen) künftiges Jahr eine Reiſe
nach Hamburg zu machen, um Ihnen perſöhnlich kennen
zu lernen, und alsdann verbinde ich mich, denenſelben
nicht allein Vieles aus der Hermannsſchlacht, ſondern

auch von Ihren erhabenen Oden vorzusingen, um Ihnen
ersehen zu machen, in wie weit ich mich Ihrer Größe
genähert oder wieviel ich Sie durch meine Musik ver=
dunckelt habe. Indessen überschicke ich denenselben etliche
Gesänge, welche gantz simpel genommen, und von
leichter Execution seyn. Dreye darunter von Teutschem
Caractenr und drey von mehr modernen wellischem
Gusto, von welchem letzteren ich zur Prob zugleich zwei
Melodien auf alt Bardischen Geschmack hinzugefüget
habe, die aber immer wieder wegzuwerfen seyn. Es
wird nothwendig seyn, einen guten Klavierspieler darzu
zu erwählen, damit Sie Ihnen weniger unerträglich
vorkommen mögen.“

Zu Beginn des Jahres 1774 fand in Rastatt am
Hofe des Markgrafen von Baden eine persönliche Be=
gegnung zwischen Gluck und Klopstock statt. „Eine
empfindliche Freude,“ schreibt Petersen an Merck am
9. März 1775 von Rastatt, „für Klopstock war es,
daß er den Ritter von Gluck und dessen Nichte etliche
Stücke aus der „Hermannsschlacht“ und seinen Liedern,
von Gluck und Bach vortrefflich in Musik gesetzt,
meisterlich spielen und singen gehört.“ Klopstock,
von dem Gesange Fräulein von Glucks bezaubert, ent=
warf damals folgendes scherzhafte Schriftstück: „Ich
Endes Unterschriebene, Bezauberin des heil. roemischen
Reichs, wie auch des unheiligen gallikanischen Reichs,
urkunde und bekenne hiermit, was maßen ich Klopstocken
versprochen habe und verspreche, daß, sobald ich Erz=

zauberin in die Erzstadt des Erzhauses, Wien genannt, zurückgekehrt bin, und mich alldort drei Tage und drei Nächte hintereinander von meiner Reise verpustet habe, ich sofort und ohne Verzug, wie auch ohne ferneren Aufschub ihm zusenden will. 1. Die Arie, in welcher Orpheus der Eurydice nachruft. 2. Die Arie, in welcher Alceste ihren Kindern nachruft; und daß ich unter jede dieser Arien setzen will einige Worte, in welchen enthalten seyn soll, soviel nämlich davon in Worten enthalten seyn kann, die Art und Weise, Beschaffenheit und Eigenthümlichkeit, und gleichsam die Schattirung meines musikalischen Zaubervortrages, damit benannter Klopstock diese meine Worte, benebst den Arien, seinerseits wieder zusenden könne seiner Nichte zu Hamburg, welche, seinem Vorgeben nach, auch der Zauberey ergeben seyn soll. Urkundlich geschehen zu Rastadt am 17. März 1775.“

Es war natürlich, daß weder Gluck noch seine Nichte Klopstocks naive Forderungen bezüglich der Zusätze zu den verlangten Arien erfüllen konnten. „Ich hoffe,“ schrieb Gluck am 24. Juni 1775, „sie werden von dem Herrn Graffen von Cobenzl die Verlangte arien richtig erhalten haben. Die anmerkungen habe ich müssen weglassen weilen ich nicht wüßte mich auß zudrücken wie ich es verlangte, ich glaube es würde ihnen Eben so schwer vorkommen, wann sie sollten jemanden durch Brieffe belehren, wie und mit was vor Einen ausdruck Er ihren Messias zu declamiren hätte, alles dies besteht in der Empfindung, und kan nicht wohl explicirt werden, wie sie bösser wiessen als ich."

Ein Jahr später raffte der Tod die anmuthige Marianne Gluck dahin. Am 21. April 1776 schrieb Gluck an Klopstock: „Die mitweinende Freundschaft ge= währt dem Unglücklichen den kräftigsten Trost; diesen Trost verspreche ich mir von Ihnen, werthester Freund! Ich habe meine Nanette verloren. Ihr deutsches Mädchen, mit dem edel und guten Herzen, das auf Ihren Beifall, auf Ihre Freundschaft so stolz war, ist nicht mehr — im Frühling ihres Lebens ist sie wie eine Rose verblüht, und ich verliere in ihr die Freude meines Alters. — O! wie empfindlich ist mir dieser Verlust! eben in der Zeit, da ich die Früchte einer glücklichen Erziehung einernten sollte, ward sie mir entrissen, ohne die letzten Empfindungen ihrer un= schuldigen Seele vor ihrer Auflösung genossen zu haben. Wie öde, wie einsam wird es künftig um mich sein! Sie war meine einzige Hoffnung, mein Trost und die Seele meiner Arbeiten. Die Musik, sonst meine liebste Beschäftigung, hat nun allen Reiz für mich verloren; oder sollte sie jemals meine Betrübniß lindern können, so müßte sie dem Andenken dieses geliebten Gegenstandes geheiligt sein. Ist es zuviel von Ihrer Freundschaft gefordert, wenn ich wünsche, Ihre empfindsame Seele durch meinen Verlust zu nähren, wenn ich hoffe, daß Ihre erhabene Muse sich erniedrigen werde, um einige Blumen auf die Asche meiner geliebten Nichte zu

streuen? Mit welcher Entzückung würde ich diesen
kräftigen Trost benutzen! Von Ihrem Genie angefeuert,
würde ich dann in den rührendsten Tönen meine Klagen
auszudrücken suchen. Natur, Freundschaft und mehr
als Vaterliebe würden die Quellen meiner Empfindung
sein. Lassen Sie mich, edler Freund, nach diesem Ihrer·
schönen Seele würdigen Geschenke nicht vergebens seuf=
zen. In Wien, wohin ich zurückzureisen im Begriffe
bin, werde ich Ihrer Antwort entgegensehen. Bei jedem
Gedanken an Sie werden sich dann in meinem Herzen
neben den Regungen der aufrichtigsten Freundschaft noch
jene der dankbarsten Erkenntlichkeit erheben, und beyde
die vollkommenste Verehrung verewigen, mit der ich die
Ehre habe zu sein, hochgeehrtester Herr und Freund,
Ihr ganz ergebenster Diener Gluck."

Auf diesen rührenden und vertrauensvollen Brief
schwieg Klopstock unbegreiflicher Weise; wir wissen nicht
einmal, ob er dem Freunde seine Theilnahme an dem
schweren Verluste ausgedrückt hat.

"Obschon Sie meiner verstorbenen Kleinen," schrieb
Gluck später, "nichts auf ihren todt komponirt haben, so
ist doch mein Verlangen erfüllt worden, denn ihre todte
Clarissa ist so analog auf das Mädchen, daß sie mit
allem ihrem grosen Geist nichts bösseres hätten hervor=
bringen koennen, diese ist jetzund meine Favorit=Ode, und
sehr wenige hoeren sie, denen sie nicht Thränen auspreßt.

Sie machen mir jeder Zeit Vorwürffe, das ich
Ihnen keine explication schickte, wie Alceste soll pro=

ducirt werden, ich würde Es schon laengst gethan haben,
wenn ich es hätte praticable gefunden, was das Gesang
anbelangt, so ist es leicht vor eine Persohn, die Empfindung hat, sie darf sich nur den trieb ihres Hertzens
überlassen, allein die Bekleitung, derer Instrumente begehren soviele Anmerkungen, das ohne meine gegenwart
nichts anzufangen ist, wenige noten müssen gezogen,
andere gestoßen, diese halbstark, jene stärker oder schwächer
producirt werden, ich geschweige das mouvement anzu-
deiten zu können. Ein wenig langsamer oder geschwin-
der verderbt ein ganzes stück, dahero ich glaube, wer-
tester Freyndt, sie werden viel leichter ihre Neye Or-
thographie den Teutschen geläuffig machen, als ich eine
opera nach meiner methode, zumahlen in ihrer gegend,
wo zuforderst die setzkunst in betrachtung gezogen wird,
und die Einbildungs Kraft wird verkönnet und ver-
wünscht, dieweil bey ihnen die mehrsten Ton Künstler
nur Maurer aber keine Architäkten seyn wollen.

Sie wissen nicht, warum ich so lange mit der
Hermannsschlacht zaudere, weil ich mit selbiger meine
musicalischen arbeiten beschließen will, bisheer habe ich
es nicht thun können, weilen mich die Herren Frantzo-
sen, so sehr beschäfftiget hatten, obschon nun die Her-
mannschlacht meine letzte arbeit seyn wird, so glaube
ich dennoch, das sie nicht die unbedeitenste von meinen
productionen seyn wird, weilen ich den Haubtstoff dazu
gesammlet habe, in der Zeit ehe mir das alter die
Denkens Kraft geschwächt hat."

Dieser Brief Glucks datirte aus Paris vom 10. Mai 1780. Trotz des großen Erfolges, den seine Opern Iphigenie und Orpheus in der französischen Hauptstadt errungen hatten, war es seinen zahlreichen Gegnern unter Piccinis Führung gelungen, den musikalischen Streit gegen den deutschen Componisten lebhaft weiterzuführen und seine Oper Alceste bei ihrer ersten Aufführung zu Fall zu bringen.

Seine „Hermanns Schlacht, ein Bardiet für die Schaubühne", hatte Klopstock 1767 vollendet. „Ein vortreffliches Werk", nannte es Lessing, „wenn es auch schon etwa keine Tragödie sein sollte." Die laue Aufnahme, die die Arbeit allenthalben fand, hatte Klopstock sehr verstimmt. Um so mehr erfreute ihn die Nachricht, daß Gluck sich mit ihrer Composition beschäftige. In der That fühlte sich Gluck von dem dramatischen Stoffe, den Klopstock freilich sehr undramatisch behandelt hatte, angezogen und plante etwas Außerordentliches. Reichhardt, dem Gluck einige Stellen aus der Musik zur Hermannsschlacht vortrug, berichtet: „Zwischen den Gesängen aus der „Hermannsschlacht" ahmte Gluck mehrmals den Klang der Hörner und den Ruf der Fechtenden hinter ihren Schildern nach; einmal unterbrach er sich auch, um zu bemerken, daß er zu dem Gesange noch ein eigenes Instrument erfinden müsse. Es ist schwer, von diesen Gesängen nach Glucks Vortragsweise eine deutliche Vorstellung zu geben; sie schienen fast ganz deklamatorisch, selten nur melodisch zu sein. Gewiß bleibt es ein unersetzlicher Verlust, daß der Künstler sie nicht aufgezeichnet; man hätte daran das dem großen Manne eigenthümliche Genie gewiß am sichersten zu erkennen vermocht, da er sich dabei durchaus an keinerlei Anforderung der neuen Bühne und der Sänger band, sonden ganz frei seinem hohen Genius folgte, innigst durchdrungen von dem gleichen Geiste des großen Dichters." Auf Rochlitz, dessen Mittheilungen stets mit einer gewissen Vorsicht genommen werden müssen, hatte die Behandlung des Chores „O Wodan, der im nächtlichen Hain" den tiefsten Eindruck gemacht. „In Absicht auf Größe des Entwurfes, Tiefe des Geistes, hinreißende Gewalt des Ausdrucks und Neuheit der ganzen Behandlung gehörte die Composition (zur Hermannsschlacht) unter das Herrlichste, was Gluck jemals in seinen glücklichsten Stunden geschaffen hatte. In der Anordnung des Ganzen und der seltsamen Verwendung der Kunstmittel, die ihm zu Gebote standen, war sie sogar mit keinem seiner großen Opernchöre zu vergleichen. Er selbst, der kräftige, feuerige, alte Mann ward zum Jünglinge, ja er schien ein ganz anderes höheres Wesen, wenn er sie, so gut als es ihm möglich war, vor dem Instrumente vortrug, und, um der Einbildungskraft der Zuhörer da, wo ein Mann nicht Alles in der Ausführung auch nur andeuten konnte, nachzuhelfen, seinen Vortrag durch Erklärungen und Nachweisungen unterstützte. Auch in dieser Composition trat die getreueste Auffassung des

Dichters, gepaart mit bewunderungswürdiger Freiheit des Musikers siegend hervor, und im letzteren Betrachte verband sich die erhabenste Einfachheit durchgängig mit Originalität, mit großem Reichthume und immer neuer Mannigfaltigkeit."

In den Briefen zur Beförderung der Humanität schrieb Herder: „Daß Klopstock zu seinem Hermann einen Gluck fand, daß er durch seine Gesänge ihn und Andere zu dieser Gattung einfacher Musik weckte, gehört mit zu den glücklichsten Begegnissen seines Lebens. Wenn uns überhaupt die Muse der Tonkunst in der Einfalt und Würde, die ihr gebührt, zu uns zurückzukehren würdigte, wessen Worte würde sie freundlicher hernicderzaubern, als Klopstocks?"

Der Dichter Schubart, der ein gewissenhafter und tüchtiger Musiker war, sagt in seinen Ideen zu einer Aesthetik der Tonkunst: „Klopstock ist so ganz der Dichter für Glucks erhabenen Geist; seine Hermannsschlacht ist von Gluck so herrlich in Musik gesetzt worden, daß die Deutschen schwerlich ein erhabeneres Theaterstück besitzen als dieses. Wer es Gluck selbst spielen und singen gehört, gerieth in entzücktes Staunen."

Gluck war trotz der Ermahnungen und Aufmunterungen Klopstocks nicht dazu zu bewegen, die Musik zur Hermannsschlacht niederzuschreiben, so daß wir nur das überschwängliche Lob der Zeitgenossen darüber registriren können. Ohne Zweifel war es mehr die Verehrung für den großen Dichter, die Gluck zur Hermannsschlacht greifen ließ, als die innere Ueberzeugung, eine bedeutende Composition dazu liefern zu können. Eines= theils machte die epische Behandlung des Stoffes eine Bühnenwirkung, auf die Glucks künstlerisches Streben gerichtet war, unmöglich, anderntheils war der alternde Mann, der seinen Zenith längst überschritten hatte, be= scheiden genug, sich einzugestehen, daß seine Kräfte einer neuen und eigenartigen musikalischen Auffassung der Dichtung, wie sie ihm offenbar vorgeschwebt, nicht mehr gewachsen waren.

Die Wiener Hofbibliothek besitzt folgende Oden Klopstocks, von Gluck componirt.

1) Vaterlandslied,
2) Wir und Sie,
3) Schlachtgesang,
4) Der Jüngling,
5) Die Sommernacht,
6) Die frühen Gräber,
7) Die Neigung,
8) Willkommen, o silberner Mond.

Mehrere derselben sind bei Artaria in Wien im Druck erschienen. Eine größere Zahl Oden hatte Gluck componirt, aber niemals niedergeschrieben. „Er setzte sich," erzählt sein Biograph Schmid, „zu seinem und seiner Freunde Ergötzen an den Flügel, legte einen Abdruck von Klopstocks Oden, in denen er in Absicht auf die Declamation nur kleine Zeichen, die

auch nur er verstand, gemacht hatte, vor sich und sang
nun selbst die Gedichte mit freier Declamation und
voll hoher Begeisterung, mehr nach Art des gemessenen
Recitativs als des melodischen Gesanges, wozu er sich
meistens nur wenige volle Accorde auf dem Flügel an=
gab und höchstens zwischen den Strophen kleine Zwischen=
spiele aus dem Hauptgedanken seines Gesanges ausführte.
Es dürfte wohl eine Zeit kommen, wo man wieder
Sinn für diese zwar einfachen, aber originellen
und tiefgeschöpften Compositionen haben wird. Ihr
Verlust ist daher noch immer nicht ganz zu ver=
schmerzen. So mögen die Barden einer längst verklun=
genen Zeit zu den Accorden ihrer Harfen die Thaten
ihrer Helden und die Gefühle ihrer Brust gesungen
haben.“

Auf der Fürstenschule zu Pforta hatte der junge
Klopstock seine epochemachende Dichtung, die Messiade,
begonnen, wie ein Wunder stieg sein Genius empor,
der deutschen Dichtung das goldene Zeitalter verkün=
digend. Gluck hatte nahezu 20 Opern vollendet, ehe
er zu seinem musikalischen Reformwerk schritt, jahre=
lange Studien und Erfahrungen hatten den gereiften
Mann zur Schöpfung des musikalischen Dramas ge=
führt. So ungleich ihr Entwickelungsgang war, so ver=
bunden fühlten sich Klopstock und Gluck in ihrem Stre=
ben, die deutsche Kunst von fremdem Zwange zu be=
freien und ihr die Achtung und die Bewunderung der
gebildeten Welt zu verschaffen. Heutzutage fällt nur

noch der kritischprüfende Blick des Literarhistorikers auf Klopstocks Schriften, Glucks bedeutendste Opern haben sich auf dem Repertoire unserer großen Bühnen erhalten. Die deutsche Nation aber darf stolz und dankbar das Andenken der beiden Heroen feiern!

Wieland

———

Wieland.

Wielands musikalische Beanlagung war frühzeitig in seiner schwäbischen Heimath durch einen vortrefflichen Musikunterricht gefördert worden. Die italienischen und deutschen Meister hatte er gründlich studirt. Sophie v. Laroche rühmt sein „seelenvolles, ungekünsteltes Clavierspiel, mit welchem er alle Abende seine Ideen und Gefühle unter dem Einfluß seines sympathetischen Freundes Horaz in sanften Einklang brachte," Gruber, sein Freund und Biograph, berichtet: „Wieland spielte das Clavier fertig und mit Ausdruck und konnte wohl unter die Kenner der Musik gerechnet werden." Jedenfalls ging seine Kunst auf dem Pianoforte über die Grenzen des Dilettantismus hinaus. Auf Schloß Warthausen, der Besitzung des kunstsinnigen Grafen Stadion, veranstaltete er Concerte und trat darin häufig als Solist auf. Auch während seiner akademischen Lehrthätigkeit in Erfurt gewann er im Verkehr mit dem Dichter Wilhelm Heinse, dessen geistvolle Abhandlung über die musikalische Composition in seinem Roman „Hildegard von Hohenthal" mit Unrecht vergessen ist, reiche musikalische Anregung. Den Clavierunterricht seines Schützlings Fritz Laroche überwachte er selbst. „Fritz," heißt es in einem Briefe an Sophie v. Laroche, „vous baise la main. Hier il a comencé à apprendre le clavecin. Il faut l'amuser de pareilles choses à présent. Il profitera bien à ce qu'il paroit. Son maître est habile et a une bonne méthode." 1772 berief die Herzogin Amalia den gefeierten Dichter an den Hof nach Weimar. Die Oper „Alceste", deren Dichtung er eben begonnen hatte, gab die erwünschte Gelegenheit, mit dem Componisten und Dirigenten der Hofcapelle, Anton Schweitzer, in ein näheres Verhältniß zu treten. „Was werden Sie sagen," schrieb Wieland an den Hofrath Ring in Karlsruhe, „wenn Sie mich in Kurzem in einen kleinen deutschen Metastasio me= tamorphosirt sehen werden. Mein vieljähriger Wunsch, einen Componisten von Genie und warmem Gefühl, einen ächten Abkömmling von Pergolese und Galuppi an meiner Seite zu haben, ist durch meine Hieherversetzung unvermuthet in Erfüllung gegangen. Hr. Schweitzer, ehemaliger Sachsen = Hildeburgh. Capellmeister, heißt der Mann, der in der Kunst der Amphionen wenigstens das ist, was Dero gehorsamer Diener — sit venia dicto — in der poetischen Kunst sein soll oder sein möchte. Hiezu kommen noch ein paar ganz vortreffliche Sängerinnen, unter welchen eine (Me. Koch) wegen

Vereinigung verschiedener Vorzüge und Talente, viel=
leicht wenige ihresgleichen in der Welt hat; eine starke,
angenehme, herzrührende Stimme — eine ungemein
schöne Art, die Recitative zu declamiren, eine lebhafte
Action, und zu allem diesem die Figur einer Griechi=
schen Diana, und das angenehmste Theater=Gesicht.
Calculiren Sie noch hiezu meine vorzügliche Liebe zum
lyrischen Schauspiel, und den Umstand que je ne
saurois mieux faire ma Cour qu'en contribuant de
ce coté-la aux amusemens de ma nouvelle Souve-
raine — So werden Sie sich vorstellen können, ob ich
mit Enthusiasmus in diesem neuen Felde arbeiten
werde? Mein Alceste, die jetzt wirklich in der Arbeit
ist, soll Sie fragen, ob ich fortfahren soll oder nicht."

Schweitzer*), der die Composition der Alceste über=
nahm und bald vollendete, hatte sein ganzes Können
daran gesetzt. Nach dem Urtheil sachkundiger Zeitge=
nossen galt die Alceste als seine beste Oper, und in der
That hat sie sich lange Zeit auf dem Repertoire der
deutschen Opernbühne erhalten. „Diese Opera," meldete
Wieland im Januar 1773 dem Hofrath Ring, „ist in
ihrer Art eine ziemlich seltsame Erscheinung in Deutsch=
land. Aber vielleicht noch seltsamer ist es, daß wir

---

*) Anton Schweitzer, geboren 1737 zu Coburg, gestorben
1787 zu Gotha. Componist zahlreicher Opern. Auf Kosten des
Herzogs von Sachsen=Coburg ausgebildet, zuerst Hofcapellmeister
in Hildburghausen. 1772 Director des herzogl. Theater=Orchesters
in Weimar.

hier bei unsrer Trouppe einen Amphion, oder richtiger zu
sprechen, einen Galuppi, einen Sacchini, und vielleicht noch
mehr als dies, kurz einen Mann haben, der diese Alceste
mit all ihren Recitativen und Gesängen so vortrefflich
componirt hat, daß dem Dichter selbst, wiewohl er sehr
viel von dem Componisten fordert, nichts zu wünschen
übrig bleibt. Hätten wir Sänger und Sängerinnen,
welche eines solchen Componisten (Schweitzer heißt der
Mann) würdig wären, so verdiente Alceste, daß man
von Carlsruh und von den Enden der Welt der Erde
käme, sie aufführen zu hören. Indessen sind gleichwohl
unsre Leute nicht schlecht, und besonders ist Madame
Koch, welche Alceste sein wird, nach der allgemeinen
Empfindung aller Welt, eine sehr interessante Actrice
und eine von den schönen Stimmen, die man jemals
auf dem deutschen Schauplatz gehört hat. Sie recitirt
in der Vollkommenheit und singt gerade so wie man
singen muß um das Herz zu rühren. Unsre zweite
Sängerin, Mselle Heisin, welche Parthenia vorstellen
wird, ist mehr Nachtigall als jene, hat viel Uebung,
singt gewöhnlich nur Italienisch, macht roulemens,
Triller, Cadenzen und dergleichen Delicias sehr schön,
aber — ihr Gesang sagt dem Herzen nichts, oder nicht
viel; denn sie fühlt selbst nichts. Der schönste Text
ist für sie nichts als eine Reihe von Sylben, die auf
eine gewisse Melodie gehen, eine Reihe von a, o, e, i
und u wäre ihr eben so lieb. Von unsern Sängern —
ist gar nichts zu sagen. Sie excelliren in den soge=

nannten Comischen Operetten, z. Ex. mein zukünftiger
Herkules ist ein excellenter Niclas in der Operette
„Das Milchmädchen", und mein Admet ein unverbesser-
licher Caspar. Urtheilen Sie was für ein Admet und
was für ein Hercules auf meine arme Alceste wartet!
Das Stück wird ungefähr auf nächste Fastnacht aufgeführt, und mich ärgert herzl., daß Carlsruhe nicht so
nahe bei Weimar liegt als Gotha oder Rudolstadt, damit ich Ihnen zurufen könnte: Komme und Siehe!"

Die Weimarer Bühne war damals im herzoglichen
Schlosse aufgeschlagen. Am 29. Mai 1773 ging die
„Alceste" unter starkem Zudrang des Publicums über
die Bretter. „Alceste," berichtete Wieland an Frhrn.
v. Gebler in Wien, „wurde den 29. Mai zum ersten
Mal hier aufgeführt, und that, was noch keine Tragödie, die ich gesehen habe. Alle Augen strömten über;
die Unempfindlichsten wurden gerührt, und die Gefühl-
vollen fanden sich in einigen Scenen von Empfindung
erdrückt. Es ist wahr, die Musik meines Freundes
Schweitzer that hier das Beste, und die Execution
übertraf nach dem Zeugnisse der vielen anwesenden
Fremden, die Jedermann als competente Richter aner-
kennen mußte, Alles, was man sich in dieser Art von
deutschen Schauspielen versprechen könnte. Wozu könnte
das deutsche Singspiel gebracht werden, wenn Theresia
und Joseph den Gedanken hätten, unsrer Literatur,
unsrer Nation und unserm Jahrhundert auch diesen
Triumph zu verschaffen." Den Schauspielern stattete

Wieland im „Teutschen Merkur" „wegen des besonderen
Fleißes, womit jeder seiner Rolle Ehre zu machen sich
beeifert hat," öffentlich Dank ab. „Da dies der erste
Versuch ist," schrieb er, „in einer auf dem teutschen
Theater ganz neuen Art, so muß allerdings ein Theil
des Beifalls, womit selbiger von dem Publico über=
haupt, und besonders von vielen fremden und ein=
heimischen Kennern aufgenommen worden, der Nachsicht
beigemessen werden, welche man sich in solchen Fällen
von billigen Richtern zu versprechen hat. Aber die
tiefe Rührung und die Thränen, deren sehr wenige
Zuhörer sich enthalten konnten, waren doch wohl keine
Wirkung dieser Nachsicht; und soviel auch von dem
Effect, den dieses Schauspiel auf alle auch nur einiger=
maßen empfindsame Zuhörer gemacht hat, den ver=
einigten Kräften der Dichtkunst und Musik, und vor=
nehmlich der vortrefflichen Composition zuzuschreiben
ist: so ist doch wohl nicht unläugbar, daß die Illusion
so groß nicht hätte sein können, als sie wirklich war,
wenn die Schauspieler durch den characteristischen Aus=
druck ihres Gesanges und ihrer musikalischen Decla=
mation und durch die Lebhaftigkeit ihrer Action nicht
sehr vieles dazu beigetragen hätten. Vielleicht findet
sich unter denjenigen auswärtigen Zuschauern, auf welche
kein Verdacht der Schmeichelei und Parteilichkeit fallen
kann, und die um so richtiger urtheilen können, weil
sie Alles, was in Italien, Frankreich und Teutschland
in diesem Fache gesehen und gehört zu werden verdient,

gesehen und gehört haben — vielleicht findet sich unter
diesen einer, der es unternimmt, dem Publico von
diesem Versuche einer teutschen Oper einen umständlichen
und ins Besondere gehenden Begriff zu geben."

Nicht zufrieden mit dem Erfolge, den Dichter und
Componist in Weimar erlebt hatten, trug sich Wieland
mit dem Gedanken, die Oper auf allen großen Bühnen
des Vaterlandes zur Darstellung zu bringen. „Gönner
und Beförderer der Musenkünste" lud er zur Sub=
scription auf den Clavierauszug ein, den Schweitzer
bearbeitet hatte, und forderte auf, „eine Unternehmung
zu unterstützen, welche zur Ehre der Nation gereicht".
Hofrath Ring in Karlsruhe hatte die Partitur bereits
erhalten, dem Freiherrn v. Gebler in Wien versprach
Wieland deren baldige Zusendung. „Die musikalische
Alceste wird nun bald in Wien sein und, wie ich hoffe,
meinen Enthusiasmus für meinen Freund Schweitzer
rechtfertigen. An Tadlern wird's nicht fehlen, auch ist
unter der Sonne nichts untadelhaft. Aber wehe dem,
der die Schönheiten dieser herrlichen Composition nicht
stark genug fühlt, um noch daran denken zu können,
Fehler aufzusuchen. Bei allem dem, und da in unsrer
Welt das Verdienst sich nicht immer selbst beschützen
kann, empfehle ich Ew. Hochwohlgeboren dieses Werk,
worin ich mir zur Ehre rechne, meinen Namen mit
Schweitzers seinem zu verschlingen. Verschaffen Sie
ihm Zutritt bei den Liebhabern des Schönen und
nehmen Sie es gegen den Neid und das **profanum**

vulgus in Schutz." Den Lesern des „Teutschen Merkur"
war die „Aceste" bereits im Januar 1773 in den
„Briefen an einen Freund über das deutsche Singspiel
Alceste" angekündigt worden. „Eine Oper in deutscher
Zunge," schrieb Wieland mit feinem Spotte, „in der
Sprache, worin Kaiser Karl der Fünfte nur mit seinem
Pferde sprechen wollte — von einem Deutschen gesetzt,
von Deutschen gesungen — was kann man Gutes davon erwarten? Die Vorzüge der welschen Sprache vor
der unsrigen, in Absicht der Singbarkeit, sind bekannt
und unläugbar: allein Hagedorn, Utz, Ramler, Gerstenberg, Jacobi haben uns Beweise gegeben, daß auch
die deutsche unter den Händen eines Meisters musikalisch
wird." Schweitzers Composition erfährt eine kritische
Würdigung. „Was ich am meisten an ihm schätze, ist
die Weisheit, womit er die Begierde zu schimmern und
den Ohren zu schmeicheln, ja, wo es sein muß, die
mechanischen Kunstregeln selbst, der höheren Absicht, auf
die Seele zu wirken, aufzuopfern weiß. Andere sehen
den Dichter blos als ihren Handlanger an; er als
seinen Gebieter. Er weiß zu schweigen, wo der Dichter
allein reden muß; aber wo jener an den Grenzen seiner
Kunst ist, da eilt er ihm mit der ganzen Allmacht der
seinigen zu Hülfe. Man kann nicht von ihm sagen,
daß er mit seinem Dichter ringe (wiewohl dies ein
großes Lob für einen schwächeren Componisten wäre).
Was er thut, ist ganz was anderes und es ist ohne
Zweifel unendlich mal mehr. Er verliert sich in seinen

Dichter, er wird mit ihm zu einer Person; ein Genius, ein Herz scheint beide zu beseelen." In der Fortsetzung der Briefe legte Wieland umständlich dar, warum er in der Behandlung des Stoffes von der „Alceste" des Euripides abgewichen sei. Die selbstgefällige Art seiner Beweisführung gab Goethe bekanntlich zu seinem Spott= gedichte „Götter, Helden und Wieland" Anlaß. Goethe verwahrte sich indessen später ausdrücklich gegen die Unterstellung, daß er Wielands Dichtung an sich an= gegriffen habe, und wie harmlos er die Farce genommen wissen wollte, beweist die Thatsache, daß er ihre Auf= nahme in die Ausgabe seiner sämmtlichen Werke unter= ließ. Dem kritischen Blicke stellt sich allerdings die „Alceste" als schwache Leistung des Dichters dar. Den Euripides zu meistern, war ihm keineswegs gelungen. Die Handlung ist schleppend und läßt jede dramatische Steigerung vermissen. Die Sprache ist schwerfällig, beinahe gewöhnlich und verräth nirgends die Anmuth und Glätte, die wir sonst an dem Dichter des „Oberon" bewundern. Wenn dessen ungeachtet die Oper Aufsehen erregte und großen Beifall erntete, so begreift man, mit welchen Albernheiten die italienischen Librettodichter seither das deutsche Publicum gelangweilt hatten.

Eine Verbindung mit Gluck hatte Wieland wahrscheinlich schon während seines Aufenthaltes in Schwaben angeknüpft. Seine Opern kannte er sehr genau und gehörte zu ihren eifrigsten Lobrednern. Glucks Nichte Marianne, eine vortreffliche Sängerin, war am

21. April 1776 an den Blattern gestorben. In den er=
sten Tagen des Mai — der Brief ist leider verloren ge=
gangen — schrieb Gluck an Wieland in der Hoffnung,
ein Trauergedicht auf die Heimgegangene von ihm zu
erhalten. Der Dichter antwortete erst am 13. Juli
wie folgt: „Ich bin ganz beschämt, verehrungswürdigster
Mann, auf Ihre freundliche, vertrauensvolle Zuschrift
aus Paris so lange geschwiegen zu haben, und jetzt
doch mit leeren Händen vor Ihnen zu erscheinen. In
der Verfassung, worin mich Ihr Brief antraf, konnte
ich mit Ihnen weinen, Ihren Verlust innig fühlen und
beklagen, aber etwas hervorbringen, das des entflohenen
Engels und Ihres Schmerzes und Ihres Genius würdig
wäre, das konnte ich nicht und werde es niemals
können. Außer Klopstock konnte das nur Goethe. Und
zu dem nahm ich auch meine Zuflucht, zeigte ihm Ihren
Brief und schon den folgenden Tag fand ich ihn von
einer großen Idee erfüllt, die in seiner Seele arbeitete.
Ich sah sie entstehen und freute mich unendlich auf die
völlige Ausführung, so schwer ich diese auch fand; denn
was ist Goethe unmöglich? Ich sah, daß er mit Liebe
über ihr brütete, nur etliche ruhige, einsame Tage, so
würde, was er mich in seiner Seele sehen ließ, auf
dem Papier gestanden haben: aber das Schicksal gönnte
ihm und Ihnen den Trost nicht. Seine hiesige Lage
wurde um selbige Zeit immer unruhvoller, seine Wirk=
samkeit auf andere Dinge gezogen und nun, da er seit
einigen Wochen dem unbeschränkten Vertrauen und der

besonderen Affection des Herzogs zufolge eine Stelle im
geheimen Conseil einzunehmen sich nicht entziehen konnte,
nun ist beinahe alle Hoffnung dahin, daß er das an=
gefangene Werk sobald werde vollenden können. Er
selbst hat zwar weder den Willen noch die Hoffnung
aufgegeben; ich weiß, daß er von Zeit zu Zeit ernstlich
damit umgeht, aber in einem Verhältniß, wo er nicht
von einem einzigen Tage Meister ist, was läßt sich da
versprechen?*) Indessen sehen Sie, theuerster Herr,
was mich von einer Woche zur anderen zurückhielt,
Ihnen zu schreiben, denn immer hoffte ich mit dem bei=
liegenden Zeugniß, wie sehr Karl August Sie liebt und
an Ihrem Schicksal Antheil nimmt, Ihnen zugleich
entweder das ganze Stück, welches Goethe dem An=
denken Ihrer liebenswürdigen Nichte heiligen wollte,
oder doch wenigstens einen Theil desselben schicken zu
können. Goethe selbst hoffte immer und vertröstete
mich: ich bin auch gewiß, so wie ich den herrlichen
Sterblichen kenne, daß es noch zu Stande kommen
wird, — und so spät es auch kommen mag, Freude
wird Ihr Genius und der Geist Ihrer Seligen daran
haben, das bin ich gewiß — aber länger konnte ich's
doch unmöglich anstehen lassen, Ihnen von allem diesem
Nachricht und also von meinem seltsamen Stillschweigen
Nachricht zu geben. — Ich habe Augenblicke, wo ich

---

*) Goethe schrieb am 25. Mai 1776 an Charlotte von Stein:
„Ich wohne in tiefer Trauer über einem Gedicht, das ich für
Gluck auf den Tod seiner Nichte machen will."

eifrig wünsche, ein lyrisches Werk hervorbringen zu
können, das werth wäre, von Gluck Leben und Unsterb=
lichkeit zu empfangen. Zuweilen ist mir auch, ich könnte
es. Aber dies ist nur ein vorübergehendes Gefühl,
nicht Stimme des Genius. Uebrigens fehlt es mir an
Sujets, die zugleich dem lyrischen Drama anpassend
wären. Vielleicht, liebster Ritter Gluck, kennen Sie
eines, das Sie ausgeführt und alsdann bearbeiten
möchten. Irre ich mich hierin nicht, so theilen Sie
mir Ihre Gedanken mit, ich will versuchen, ob ich die
Muse noch einmal geneigt machen kann. Einmal war
mir Antonius und Kleopatra stark im Herzen und
Kopf — aber wenn ich mich auch hineinarbeiten
könnte, so ist dies wenigstens kein Sujet für Wien, wo
dieser Exceß von Liebe, wie ich nicht zweifle, zu anstößig
gefunden würde. Die drei größten Sujets, Orpheus,
Alceste und Iphigenie haben Sie schon bearbeitet —
und was ist noch übrig, das Ihrer würdig wäre?
Ohne Zweifel giebt es noch interessante Gegenstände
und Situationen — aber werde ich sie ausführen?
Ja, wenn ich neben Ihnen, unter Ihren Augen, von
Ihrem Feuer erwärmt, von Ihrer Allgewalt über alle
Kräfte der Musik ergriffen, arbeiten könnte! Aber hier
in Weimar! — Dieses Blatt von Karl August*) ist
schon lange in meinen Händen. Verzeihen Sie mir,

---

*) Vermuthlich hatte Karl August den Ritter v. Gluck ein=
geladen, dem Hof zu Weimar einen Besuch abzustatten.

daß ich's Ihnen so lange vorenthalten habe. Ich habe
Ihnen die Ursache gesagt und doch entschuldigt sie mich
kaum gegen Ihn und gegen Sie. Möchten Sie in
Wien einige Entschädigung, wenigstens durch dieses
Nepenthe, diesen Zaubertrank, den Parthenia" (in Wie=
lands „Alceste") „dem leidenden Admet bietet, finden
können. Und o möchten wir einst glücklich genug sein,
Sie hier zu sehen und zu hören! Und ich den Mann
von Angesicht sehen und in seiner Gegenwart mich
eines Theils der Empfindungen entledigen können, wo=
mit mich selbst das Wenige, was ich (nur sehr unvoll=
kommen vorgetragen) von seinen herrlichen Werken ge=
hört habe, auf ewig für ihn erfüllt hat." Eine Ant=
wort Glucks auf diesen Brief besitzen wir nicht. Wieland
bekannte freimüthig, daß er nicht der selbstschöpferische
Geist sei, einem Tondichter von Glucks Bedeutung einen
Operntext zu liefern. In Weimar hatte der Brand
des herzoglichen Schlosses am 6. Mai 1774 die Bühne
zerstört, der Componist Anton Schweitzer war mit der
Seiler'schen Schauspielergesellschaft nach Gotha ge=
wandert, wo er als herzoglicher Hofcapellmeister am
23. November 1787 starb. Wieland sah trauernd den
Freund scheiden, dessen Talent ihn für sein eigenes
Schaffen und für die Entwicklung der deutschen Oper
mit den freudigsten Hoffnungen erfüllt hatte.

Auf Glucks Einwirkung ist der „Versuch" über das
teutsche Singspiel" zurückzuführen, den Wieland im
„Teutschen Merkur vom Jahre 1775" veröffentlichte.
3*

„Wir Teutschen," leitete er seine lichtvollen Betracht=
ungen ein, „lieben die Musik so gut als alle anderen
Völker in der Welt; sie macht schon längst einen Theil
der öffentlichen und Privat=Erziehung bei uns aus;
es ist schwerlich eine teutsche Provinz, die nicht seit
mehr als 100 Jahren Virtuosen auf allen Arten der
Instrumente hervorgebracht hätte und die berühmten
Namen Kayser, Telemann, Händel, Hasse, Graun, Bay,
Gluck machen eine Reihe von Componisten unsres
Jahrhunderts aus, die wir (um das Wenigste zu sagen)
den größten gleichzeitigen, auf welche Italien stolz ist,
zuversichtlich entgegenstellen können. — Weder der
Mangel an musikalischem Genie bei der teutschen Nation,
noch die Unsingbarkeit unsrer Sprache ist es, was dem
Wunsche, unter dem Schutz eines teutschen Musageten
ein teutsches Odeon, einen Tempel teutscher Musen,
errichtet zu sehen, im Wege steht. Es ist ein andres
Vorurtheil, das die lyrischen Schauspiele selbst betrifft,
nämlich die beinahe allgemein herrschende Meinung, daß
die sogenannte Opera seria ein Werk der Feerei sein
müsse, worin alle schönen Künste mit einander in die
Wette eifern, die vollkommenste Befriedigung der Augen
und Ohren äußerst sinnlicher und verzärtelter Zuschauer
hervorzubringen, oder (um ungefähr das Nämliche mit
den Worten des Grafen Algarotti zu sagen) „daß in
der Oper Poesie, Musik, Declamation, Tanzkunst und
Malerei, alle ihre anziehendsten Reizungen vereinigen
müßten, um den Sinnen zu schmeicheln, das Herz zu

entzücken und die Seele durch die angenehmsten Täusch=
ungen zu bezaubern." So lange man mit dem Worte
Oper diesen Begriff verbindet, werden freilich nur sehr
wenige Fürsten in Europa reich genug sein, ein so
kostbares Schauspiel zu haben oder in die Länge aus=
zuhalten, und daß bei diesen wenigen die teutsche
Sprache die italienische jemals aus ihrem verjährten
Besitze des lyrischen Theaters verdrängen werde, wird
sich wohl niemand einfallen lassen. — Wir Deutsche
wollen die Schöpfer eines Singspiels werden, welches
durch die bloße Vereinigung der Kräfte der Poesie,
Musik und Action uns einen so hohen Grad des an=
ziehendsten Vergnügens geben könnte, daß kein Zuschauer,
der ein Herz und ein Paar nicht allzudicke Ohren mit=
brächte, sollte wünschen können, seinen Abend angenehmer
zugebracht zu haben." Ueber die Mittel, „wodurch
diese neue Art Singspiel vielleicht zum ergötzendsten
und herzrührendsten aller Schauspiel=Arten gemacht
werden könnte," verbreitet sich Wieland ausführlich.
Gegen die große Oper der Italiener und Franzosen,
„eine ungeheure Mißgeburt des schlimmsten Geschmackes",
richtet er die heftigsten Angriffe. Das „teutsche Sing=
spiel" soll nicht durch decorativen Aufwand glänzen,
Poesie, Musik und Action müssen das Meiste thun.
„Des Ritter Glucks Iphigenie darf nur vortrefflich
singen und in Gestalt, Ton, Miene und Gebärden
Iphigenie sein, um in einem simplen altgriechischen
Kleide von weißer Seide ebenso stark, ohne Zweifel

weit stärker zu rühren, als wenn sie in einer reich=
gestickten Robe dahergeschwommen käme." Das Sub=
ject eines Singspiels soll sehr wichtig sein. Dem Dichter
soll es große moralische Charaktere, erhabene Gesinn=
ungen, edle Kämpfe zwischen Tugend und Leidenschaft
darbieten. Die möglichste Einfalt im Plan ist dem
Singspiel eigentlich und wesentlich. Handlung kann
nicht gesungen, sie muß agirt werden, je mehr Hand=
lung also, je weniger Gesang. „Am wirkungsvollsten
sind stets die Scenen, wo der Dichter und der Ton=
künstler mit vereinigten Kräften uns von einer Em=
pfindung zur anderen, einer Stufe des Affectes zur
anderen mit sich fortreißen." Gegen die Wahl historischer
Stoffe für die Oper hat Wieland nichts einzuwenden,
aber daß „die Triller und Roulemens aus dem Munde
eines Julius Cäsar oder Cato" lächerlich klingen, ist
dem Componisten anzurechnen, der den Charakter eines
Helden nicht aufzufassen und musikalisch zu behandeln
versteht. „Indessen ist doch nicht zu leugnen, daß ein
Singspiel, insofern darin Musik und Gesang eine Art
von idealischer Sprache ausmachen, die über die ge=
wöhnliche Menschensprache weit erhaben ist — daß
etwas in der Natur des Singspiels liege, womit wir
den Begriff des Wunderbaren zu verknüpfen uns nicht
enthalten können. In dieser Rücksicht scheinen also
mythologische Subjecte allerdings mehr Schicklichkeit
zum Singspiel zu haben als historische. In der herr=
schenden Opernmanier ist der Poet nur ein demüthiger

Diener des Componisten, des Decorateurs, der Sänger und Tänzer. Die Ouvertüren haben mit dem Stück nicht die mindeste Verbindung.*) Ueber die Recitative gehen Componist und Sänger als über etwas ihrer Aufmerksamkeit und Kunst unwürdiges so schnell als möglich hinweg. Das Publicum lacht, liebäugelt oder schläft, bis es durch das zärtliche Getön eines Ritornells daran erinnert wird, daß eine Arie im Anzug ist, die wenigstens um der schönen Läufe, Triller und Cadenzen des Sängers willen Aufmerksamkeit verdiene. Die Arien werden als Hauptsache in der Musik der Oper behandelt. Daher die seiltänzerischen, nichtssagenden Passagen, daher die bis zum Ekel getriebene Wiederholung der Worte, daher der Ueberdruß eines jeden Zuhörers von Empfindung, der sich durch das Vergnügen, so ihm eine Lieblingssängerin mit allen ihren Wunderkünsten machen kann, für die gähnende Langeweile, die ihm das ganze Stück verursacht, nur schlecht entschädigt hält." „Endlich," schließt Wieland seine Abhandlung, „haben wir die Epoche erlebt, wo das mächtige Genie eines Gluck das große Werk (einer Reform der Oper) unternommen hat, das — wofern es jemals zu Stande kommen kann — durch einen Feuergeist wie der seinige gewirkt werden müßte. Der große Succeß seines Orpheus und Eurydice, seiner Alceste, seiner Iphigenie würden alles

---

*) Den gleichen Vorwurf machte Lessing in der Hamburgischen Dramaturgie den zeitgenössischen Componisten.

hoffen laſſen, wenn ſich nicht unüberwindliche ſittliche
Urſachen, gerade in jenen Hauptſtädten Europas, wo
die ſchönen Künſte ihre vornehmſten Tempel haben,
ſeinem Unternehmen entgegenſetzten! — Künſte, die der
große Haufe blos als Werkzeuge ſinnlicher Wollüſte
anzuſehen gewohnt iſt, in ihre urſprüngliche Würde
wieder einzuſetzen und die Natur auf einem Thron zu
befeſtigen, der ſo lange von der willkürlichen Gewalt
der Mode, des Luxus und der üppigſten Sinnlichkeit
uſurpirt worden: — iſt ein großes und kühnes Unter=
nehmen! Aber zu ähnlich dem großen Unternehmen
Alexanders und Cäſars, aus den Trümmern der
alten Welt eine neue zu ſchaffen, um nicht ein
gleiches Schickſal zu haben. Eine Reihe von Glucken
würde erfordert, um dieſe Oberherrſchaft der unver=
dorbenen Natur über die Muſik, dieſen einfachen Ge=
ſang, der wie Merkurs Schlangenſtab die Leidenſchaften
erweckt oder einſchläfert und die Seelen in Elyſium
oder in den Tartarus führt, dieſe Verbannung aller
Sirenenkünſte, dieſe ſchöne Zuſammenſtimmung aller
Theile zur großen Einheit des Ganzen auf dem lyriſchen
Schauplatz herrſchend und fortdauernd zu machen.
Gluck ſelbſt — bei all ſeinem Enthuſiasmus — kennt
die Menſchen und den Lauf der Dinge unterm Mond
zu gut, um ſo etwas zu hoffen! Schon genug, daß er
uns gezeigt hat, was die Muſik thun könnte, wenn in
dieſen unſeren Tagen irgendwo in Europa ein Athen
wäre und in dieſem Athen ein Perikles aufträte, der

für das Singspiel thun wollte, was jener für die
Tragödien des Sophokles und Euripides that!"

In jeder neuen Epoche der Kunst wirken die vor-
ausgegangenen sichtbar fort. Glied um Glied fügt sich
in die große Kette, die die Erscheinungen im Geistes-
leben eines Volkes bilden. So gewinnen Wielands
Gedanken über die Oper für uns eine hohe Bedeutung,
weil sie sich geradezu mit den Anschauungen Richard
Wagners über das musikalische Drama decken. Als
Wagner 1851 seine denkwürdige Abhandlung „Oper
und Drama" veröffentlichte, wußte er nicht, daß 80
Jahre früher Wieland bereits seine Forderungen ausgesprochen hatte. Das deutsche Odeon aber, das Wieland zeitlebens wie ein lichter Traum vorgeschwebt
hatte, ist in unsern Tagen von Bayreuth zur herrlichen
That geworden.

Lessing

———

Lessing.

Heuer noch ist vielfach der Glaube verbreitet, Lessing habe der Musik und dem Musikleben seiner Zeit ganz fern gestanden. Dem kritischen Riesengeist, der die Grenzen der Poesie und Malerei so scharfsinnig gezogen, traut man nicht zu, dem sanften Lockruf ins Reich der Töne gefolgt zu sein. Und doch hat Lessing nicht allein mit den hervorragendsten Musikern in freundschaftlichem Verkehr gestanden, sondern er hat auch über das Wesen und die Bedeutung der Musik die tiefsten Gedanken ausgesprochen. Seinem allum= fassenden Geiste dürfen wir auch hier, wo er sich in einer seinem Ideenkreise ferner liegenden Kunstsphäre bewegt, unsere höchste Bewunderung zollen.

Lessings Vater, der Pastor primarius Lessing zu Kamenz in Sachsen, lebte in äußerst kümmerlichen Ver= hältnissen und besaß nichts weniger als die Mittel, seinen zehn Söhnen, deren ältester der Dichter war, Musikunterricht geben zu lassen. Auch später, nachdem

Gotthold die Fürstenschule zu Meißen absolvirt und die Universitäten Leipzig und Wittenberg bezogen hatte, scheint er sich wenig oder gar nicht mit der Musik beschäftigt zu haben. Erst sein zweiter Aufenthalt in Berlin führte ihn mit den angesehensten Musikern der aufblühenden preußischen Hauptstadt, Kirnberger und Quanz, zusammen.

Johann Philipp Kirnberger, ein Schüler Sebastian Bachs, war nach einem bewegten Künstlerleben in Polen, Oesterreich und Sachsen, als Hofmusikus nach Berlin berufen worden, wo sein meisterhaftes Violinspiel großes Aufsehen erregte. Dabei war er ein bedeutender Kontrapunktist und schrieb umfangreiche Werke über die Harmonielehre, die Grundsätze des Generalbasses, die die weiteste Verbreitung fanden. Seine Compositionen, meist Fugen für Orgel und Clavier, fehlten selten auf einem Concertprogramm, endlich erfand er ein, später von Mozart verbessertes, musikalisches Würfelspiel, das unter dem Namen „der allzeit fertige Polonaisen= und Menuettencomponist" erschien und jedem, auch nicht musikalisch Gebildeten, Gelegenheit gab, kleine Tonstücke zu componiren.

Lessings zweiter musikalischer Freund war der berühmte Meister der Flöte und Lehrer Friedrichs des Großen, Johann Joachim Quanz, der damals auf der Höhe seines Wirkens stand und im Dienste seines königlichen Herrn Hunderte von Compositionen für die Flöte veröffentlichte.

Allwöchentlich am Freitag Abend kamen Lessing

und seine engeren Freunde in Baumanns Weinkeller, der sogenannten Baumannshöhle, zusammen; zu der fröhlichen Tafelrunde zählten der Kupferstecher Meil, der Schauspieler Brückner, die Aesthetiker Ramler und Sulzer, Nicolai und Mendelssohn, endlich Kirnberger und Quanz, welche letzteren Lessings Trinklieder in Musik setzten und dadurch nicht am wenigsten die fest= liche Stimmung der Symposien erhöhten. Lessing dachte in späteren Jahren wehmütig an jene Berliner Tage, als an die glücklichsten seines Lebens, zurück.

Während seiner Wirksamkeit als Dramaturg des Hamburger Theaters bot sich Lessing Gelegenheit, seine Kritik an den Leistungen des Theaterorchesters zu üben. Der kunstsinnige Unternehmer des Hamburger National= theaters, Johann Friedrich Loewen, hatte ein zahlreiches Orchester gewonnen, das vor Beginn der Schauspiele und in den Zwischenakten spielen sollte. Nun schien damals die Regie absolut keine Rücksicht darauf nehmen zu wollen, daß die vorgeführten Orchesterstücke zu dem gleichzeitig dargestellten Schauspiel in einem gewissen Verhältnis standen: Trauerspiele wurden mit heiteren, Lustspiele mit ernsten Tonstücken begleitet, wodurch denn bei der Zuhörerschaft eine seltsame Mischung von Affek= ten, ja die sonderbarste Wirkung hervorgerufen werden, mußte. Die Aufführung der Semiramis von Voltaire wozu Agricola*) eine nach Lessings Urtheil vortreffliche

---

*) Johann Friedrich Agricola, geb. 1720, Schüler Sebastian Bachs, nach Graun Director der königl. Capelle in Berlin; starb

Muſik componirt hatte, gab dem Dramaturgen will=
kommenen Anlaß, Agricolas Arbeit kritiſch zu erläutern,
ſich über die Bedeutung der Muſik und ihre Beziehun=
gen zur Poeſie zu verbreiten und insbeſondere die Fehl=
griffe darzuthun, welche ſich die Hamburger Orcheſter=
leitung ſeither hatte zu ſchulden kommen laſſen.

„Da das Orcheſter bei unſeren Schauſpielen ge=
wiſſermaßen die Stelle der alten Chöre vertritt, ſo
haben Kenner ſchon längſt gewünſcht, daß die Muſik,
welche vor und zwiſchen und nach dem Stücke geſpielt
wird, mit dem Inlalt deſſelben mehr übereinſtimmen
möchte. Herr Scheibe*) iſt unter den Muſicis Der=
jenige, welcher zuerſt hier ein ganz neues Feld für die
Kunſt bemerkte. Da er einſah, daß, wenn die Rührung
des Zuſchauers nicht auf eine unangenehme Art ge=
ſchwächt und unterbrochen werden ſollte, ein jedes
Schauſpiel ſeine eigene muſikaliſche Begleitung erfordere:
ſo machte er nicht allein bereits 1738 mit dem Poly=
eukt und Mithridat den Verſuch, beſondere dieſen Stücken
entſprechende Symphonien zu verfertigen, welche bei
der Geſellſchaft der Neuberin hier in Hamburg, in Leip=

---

dort 1774; componirte die Opern Achill auf Skyros und Iphigenie
in Tauris.

   *) Johann Adolf Scheibe, geb. 1708 zu Leipzig, 1740
kulmbach = brandenburgiſcher, ſpäter däniſcher Capellmeiſter in
Kopenhagen, wo er 1776 ſtarb. Seine Schriften: „Kritiſcher
Muſikus“, „Ueber das Alter und den Urſprung der Muſik“,
„Ueber muſikaliſche Compoſition“.

zig und anderwärts aufgeführt wurden, sondern ließ
sich auch in einem besonderen Blatte seines kritischen
Musikus (67. Stück) umständlich darüber aus, was über=
haupt der Componist zu beobachten habe, der in dieser
neuen Gattung mit Ruhm arbeiten wolle." Lessing
citirt Scheibe nun wörtlich. Wir fassen die längere
Abhandlung in ihren Hauptpunkten zusammen.

Alle Symphonien, die zu einem Schauspiele ver=
fertigt werden, sollen sich auf den Inhalt und die
Beschaffenheit desselben beziehen. — Unter Symphonie
haben wir hier Ouverture zu verstehen. — So ver=
schieden Tragödien und Comödien unter sich selbst sind,
so verschieden muß auch die dazu gehörige Musik sein.
Alle Symphonien zu Trauerspielen müssen prächtig,
feurig und geistreich gesetzt sein. Die musikalische Er=
findung soll mit dem Charakter der Hauptpersonen und
dem Hauptinhalt der Stücke in Einklang stehen. Die
Comödiensymphonien müssen frei, fließend und zuweilen
auch scherzhaft sein, insbesondere aber sich nach dem
eigenthümlichen Inhalte einer jeden Comödie richten.
Sowie die Comödie bald ernsthafter, bald verliebter,
bald scherzhafter ist, so muß auch die Symphonie be=
schaffen sein. Die Anfangssymphonie muß sich auf das
ganze Stück beziehen, zugleich aber muß sie auch den
Anfang desselben vorbereiten und sogleich mit dem ersten
Auftritt übereinkommen. Die Schlußsymphonie endlich
muß mit dem Schlusse des Schauspiels auf das Ge=
naueste übereinstimmen, um die Begebenheit den Zu=

schauern desto nachdrücklicher zu machen. Was ist lächerlicher, als wenn der Held auf eine unglückliche Weise sein Leben verloren hat und es folgt eine lustige, lebhafte Symphonie darauf? Und was ist abgeschmackter, als wenn sich die Comödie auf eine fröhliche Art endigt und es folgt eine traurige und bewegliche Symphonie darauf? Hierzu bemerkt Lessing: „Dieses sind die wichtigsten Regeln, um auch hier die Tonkunst und Poesie in eine genaue Verbindung zu bringen. Ich habe sie lieber mit den Worten eines Tonkünstlers und zwar desjenigen vortragen wollen, der sich die Ehre der Erfindung anmaßen kann, als mit meinen. Denn die Dichter und Kunstrichter bekommen nicht selten von den Musicis den Vorwurf, daß sie weit mehr von ihnen verlangen und erwarten, als die Kunst zu leisten im Stande sei. Die mehrsten müssen es von ihren Kunstverwandten erst hören, daß die Sache zu bewerkstelligen sei, ehe sie die geringste Aufmerksamkeit darauf wenden. Zwar die Regeln selbst waren leicht zu machen; sie lehren nur, was geschehen soll, ohne zu sagen, wie es geschehen kann. Der Ausdruck der Leidenschaften, auf welchen alles dabei ankommt, ist noch einzig das Werk des Genies. Denn ob es schon Tonkünstler giebt und gegeben, die bis zur Bewunderung darin glücklich sind, so mangelt es doch unstreitig noch an einem Philosophen, der ihnen die Wege abgelernt und allgemeine Grundsätze aus ihren Beispielen hergeleitet hätte. Aber je häufiger diese Beispiele werden, je mehr sich die

Materialien zu dieser Herleitung sammeln, desto eher können wir sie uns versprechen, und ich müßte mich sehr irren, wenn nicht ein großer Schritt dazu durch die Beeiserung der Tonkünstler in dergleichen dramatischen Symphonien geschehen könnte.

„In der Vocalmusik hilft der Text dem Ausdruck allzusehr nach: der schwächste und schwankendste wird durch die Worte bestimmt und verstärkt; in der Instrumentalmusik hingegen fällt diese Hilfe weg und sie sagt gar nichts, wenn sie das, was sie sagen will, nicht rechtschaffen sagt. Der Künstler wird also hier seine äußerste Stärke anwenden müssen: er wird unter den verschiedenen Folgen von Tönen, die eine Empfindung ausdrücken können, nur immer diejenigen wählen, die sie am deutlichsten ausdrücken; wir werden diese öfter hören, wir werden sie miteinander öfter vergleichen, und durch die Bemerkung dessen, was sie beständig gemein haben, hinter das Geheimniß des Ausdrucks kommen.“

Lessing verfolgt nun kritisch Agricola's Musik zur Semiramis. Die Anfangssymphonie besteht aus drei Sätzen. Der erste Satz ist ein Largo, nebst den Violinen mit Hoboen und Flöten. Der Grundbaß ist durch Fagotte verstärkt. Sein Ausdruck ist ernsthaft, manchmal gar wild und stürmisch; der Zuhörer soll vermuthen, daß er ein Schauspiel ungefähr dieses Inhalts zu erwarten habe. Doch nicht dieses Inhalts allein; Zärtlichkeit, Reue, Gewissensangst, Unterwerfung nehmen ihr Theil daran; und der zweite Satz, ein An-

4*

dante mit gedämpften Violinen und concertirenden Fa=
gotten beschäftigt sich also mit dunklen und mitleidigen
Klagen. In dem dritten Satz vermischen sich die be=
weglichen Tonwendungen mit stolzen; denn die Bühne
eröffnet sich mit mehr als gewöhnlicher Pracht; Semi=
ramis naht sich dem Ende ihrer Herrlichkeit; wie diese
Herrlichkeit das Auge schauen muß, soll sie auch das
Ohr vernehmen. Der Charakter ist Allegretto und die
Instrumente sind wie in dem ersten Satz, außer daß
die Hoboen, Flöten und Fagotte mit einander einige
besondere kleinere Sätze haben. Die Zwischenactmusik
Agricola's zur Semiramis hat billigerweise nur einen
Satz. Denn die Musik soll dem Dichter nichts verder=
ben; der tragische Dichter liebt das Unerwartete, das
Ueberraschende mehr als ein anderer; er läßt seinen
Gang nicht gern voraus verrathen, und die Musik
würde ihn verrathen, wenn sie die folgende Leidenschaft
angeben wollte. Der Grund wider einen zweiten Satz
zwischen den Acten ist aus dem Vortheil des Dichters
hergenommen, und er wird durch einen anderen, der
sich aus den Schranken der Musik ergiebt, bestärkt.
Denn gesetzt, daß die Leidenschaften, welche in zwei auf=
einander folgenden Acten herrschen, einander ganz ent=
gegen wären, so würden nothwendig auch die beiden
Sätze von ebenso widriger Beschaffenheit sein müssen.
Der Dichter kann den Uebergang von einer Leidenschaft
zu der ihr entgegengesetzten bewirken, er thut dies nicht
sprungweise, sondern nach und nach.

„Der Musiker kann, dafern er uns nicht in Un=
gewißheit und Verwirrung setzen will, diese schroffen
Uebergänge von einem Extrem in das andere nicht
charakterisiren. Die Poesie hingegen läßt uns den Fa=
den unserer Empfindungen nie verlieren; hier wissen
wir nicht allein, was wir empfinden sollen, sondern
auch warum wir es empfinden sollen; und nur dieses
Warum macht die plötzlichsten Uebergänge nicht allein
erträglich, sondern auch angenehm. In der That ist
diese Motivirung der plötzlichen Uebergänge einer der
größten Vortheile, den die Musik aus der Vereini=
gung mit der Poesie zieht, ja vielleicht der allergrößte.
Denn es ist bei weitem nicht so nothwendig, die all=
gemeinen unbestimmten Empfindungen der Musik, z. B.
der Freude, durch Worte auf einen gewissen einzelnen
Gegenstand der Freude einzuschränken, weil auch jene
dunklen schwanken Empfindungen noch immer sehr an=
genehm sind; als es nothwendig ist, abstechende, wider=
sprechende Empfindungen durch deutliche Begriffe, die
nur Worte gewähren können, zu verbinden, um sie durch
diese Verbindung in ein Ganzes zu verweben, in welchem
man nicht allein Mannigfaltiges, sondern auch Ueber=
einstimmung des Mannigfaltigen bemerke. Nun aber
würde bei dem doppelten Satze zwischen den Acten
eines Schauspiels diese Verbindung erst hintennach
kommen; wir würden erst hintennach erfahren, warum
wir aus einer Leidenschaft in eine ganz entgegengesetzte
überspringen müssen: und das ist für die Musik so gut

als erführen wir es gar nicht. Man glaube aber nicht,
daß sonach überhaupt alle Symphonien verwerflich sein
müßten, weil sie aus mehreren Sätzen bestehen, die von
einander unterschieden sind, und deren jeder etwas Anderes ausdrückt als der andere. Sie drücken etwas
Anderes aus, aber nicht etwas Verschiedenes; oder vielmehr, sie drücken das Nämliche und nur auf eine andere Art aus. Eine Symphonie, die in ihren verschiedenen Sätzen verschiedene sich widersprechende Leidenschaften ausdrückt, ist ein musikalisches Ungeheuer; in
einer Symphonie muß nur eine Leidenschaft herrschen
und jeder besondere Satz muß eben dieselbe Leidenschaft,
bloß mit verschiedenen Abänderungen, es sei nun nach
den Graden ihrer Stärke und Lebhaftigkeit oder nach
den mancherlei Vermischungen mit anderen verwandten
Leidenschaften, ertönen lassen und in uns zu erwecken
suchen. Die Anfangssymphonie zur Semiramis war
vollkommen von dieser Beschaffenheit; das Ungestüme
des ersten Satzes zerfließt in das Klagende des zweiten,
welches sich in dem dritten zu einer Art von feierlicher
Würde erhebt: „Ein Tonkünstler, der sich in seinen
Symphonien mehr erlaubt, der mit jedem Satze den
Affect abbricht, um mit dem folgenden einen neuen,
ganz verschiedenen Affect anzuheben, und auch diesen
fahren läßt, um sich in einen dritten, ebenso verschiedenen zu werfen, kann viel Kunst ohne Nutzen verschwen-
det haben, kann überraschen, kann betäuben, kann kitzeln,
nur rühren kann er nicht. Wer mit unserem Herzen

sprechen und sympathetische Regungen in ihm erwecken will, muß ebensowohl Zusammenhang beobachten, als wer unseren Verstand zu unterhalten und zu belehren gedenkt. Ohne Zusammenhang, ohne die innigste Verbindung aller und jeder Theile ist die beste Musik ein eitler Sandhaufen, der keines dauerhaften Eindrucks fähig ist; nur der Zusammenhang macht sie zu einem festen Marmor, an dem sich die Hand des Künstlers verewigen kann."

Lessing geht nun näher auf die Zwischenactmusik in der Semiramis ein. Ein Andante maestoso, blos mit gedämpften Violinen und Bratsche schildert die Besorgnisse der Semiramis, die noch mit einiger Hoffnung vermischt sind. Ein Allegro assai aus G-dur, nach dem 2. Act mit Waldhörnern, durch Flöten und Hoboen, auch den Grundbaß mitspielende Fagotte verstärkt drückt den durch Zweifel und Furcht unterbrochenen aber immer noch sich wiederholenden Stolz des treulosen und herrschsüchtigen Ministers Assur aus. Die Erscheinung des Gespenstes im 3. Act macht gar keinen Eindruck. Aber der Musiker kommt Voltaire zu Hülfe. Ein Allegro aus E-moll mit der nämlichen Instrumentenbesetzung des vorhergehenden, nur daß E-Hörner mit G-Hörnern verschiedentlich abwechseln, schildert die wilde Bestürzung, die dergleichen Erscheinungen unter dem Volke verursachen. Auf den 4. Act folgt ein Larghetto aus A-moll mit gedämpften Violinen und Bratsche und einer concertirenden Hoboe. Bedauern und Mitleid mit

der reuigen, aber schuldigen Semiramis läßt die Musik
ertönen. Endlich folgt auch auf den 5. Act nur ein ein-
ziger Satz, ein Adagio aus E-dur, nächst den Violinen
und der Bratsche, mit Hörnern, mit verstärkenden Hoboen
und Flöten und mit Fagotten, die mit dem Grundbasse
gehen. Der Ausdruck ist den Personen des Trauer-
spiels angemessen und ins Erhabene gezogene Betrübniß,
mit einiger Rücksicht, wie mich däucht, auf die vier
letzten Zeilen, in welchen die Wahrheit ihre warnende
Stimme gegen die Großen der Erde ebenso würdig als
mächtig erhebt.

„Die Absichten eines Tonkünstlers merken, heißt
ihm zugestehen, daß er sie erreicht hat. Sein Werk
soll kein Räthsel sein, dessen Deutung ebenso mühsam
als schwankend ist. Was ein gesundes Ohr am ge-
schwindesten in ihm vernimmt, das und nichts anderes
hat er sagen wollen, sein Lob wächst mit seiner Ver-
ständlichkeit; je leichter, je allgemeiner diese, desto ver-
dienter jenes! Es ist kein Ruhm für mich, daß ich
recht gehört habe; aber für den Herrn Agricola ist es
ein soviel größerer, daß in dieser seiner Composition
niemand etwas anderes gehört hat als ich.“ Offenbar
hatte Lessing, bevor er diese ausführliche Besprechung
niederschrieb, die Partitur der Musik Agricola's zur
Semiramis genau studirt. K. Ph. Emanuel Bach, mit
dem er während seines Aufenthaltes in Hamburg in
regem Verkehr stand, hatte ihn vielleicht hierbei unterstützt.

Bedeutungsvoller als diese Kundgebung im 26.

und 27. Stück der Hamburgischen Dramaturgie ist eine andere, die sich uns im literarischen Nachlasse Lessings erhalten hat. Aus einem Briefe, den er am 26. Mai 1769 an Nicolai schrieb, geht unzweifelhaft hervor, daß er in einer Fortsetzung des Laokoon eine kritische Würdigung der dramatischen Kunst plante. In dem Fragment „zum Laokoon" (Nachlaß) aber heißt es: „Die Vereinigung willkürlicher, auseinander folgender hörbarer Zeichen mit natürlichen, auseinander folgenden hörbaren Zeichen ist unstreitig unter allen möglichen die vollkommenste, besonders wenn noch dieses hinzukommt, daß beiderlei Zeichen nicht allein für einerlei Sinn sind, sondern auch von ebendemselben Organe zu gleicher Zeit gefaßt und hervorgebracht werden können.

„Von dieser Art ist die Verbindung der Poesie und Musik, sodaß die Natur selbst sie nicht sowohl zur Verbindung als vielmehr zu einer und ebenderselben Kunst bestimmt zu haben scheint.

„Es hat auch wirklich eine Zeit gegeben, wo sie beide zusammen nur eine Kunst ausmachten. Ich will indeß nicht leugnen, daß die Trennung nicht natürlich erfolgt sei, noch weniger will ich die Ausübung der einen ohne die andere tadeln; aber ich darf doch bedauern, daß durch die Trennung man an die Verbindung fast gar nicht mehr denkt, oder wenn man ja noch daran denkt, man die eine Kunst immer zu einer Hülfskunst der anderen macht und von einer gemeinschaftlichen Wirkung, welche beide zu gleichen Theilen

hervorbringen, gar nichts mehr weiß. Hernach ist auch
dieses zu erinnern, daß man nur eine Verbindung aus=
übt, in welcher die Dichtkunst die helfende Kunst ist,
nämlich in der Oper, die Verbindung aber, wo die
Musik die helfende Kunst wäre, noch unbearbeitet ge=
lassen hat.

„Vielleicht ließe sich hieraus ein wesentliches Un=
terschiedszeichen zwischen der französischen und italieni=
schen Oper festsetzen. In der französischen Oper ist
die Poesie weniger die Hülfskunst; und es ist natürlich,
daß die Musik derselben sonach nicht so brillant werden
könne. In der italienischen hingegen ist alles der
Musik untergeordnet. Dieses sieht man selbst aus der
Einrichtung der Opern des Metastasio, aus der unnö=
tigen Häufung der Personen; aus der übeln Gewohn=
heit, jede Scene, auch die allerpassionirteste, mit einer
Arie zu schließen. Der Sänger will beim Abgehen für
seine Cadenz beklatscht sein. Man müßte in dieser
Absicht die besten französischen Opern gegen die besten
des Metastasio untersuchen.

„Oder wollte ich sagen, daß man in der Oper
auf beide Verbindungen gedacht habe; nämlich auf die
Verbindung, wo die Poesie die helfende Kunst ist, in der
Arie; und auf die Verbindung, wo die Musik die helfende
Kunst ist, im Recitative? Es scheint so. Nur dürfte die
Frage dabei sein, ob diese vermischte Verbindung, wo
um die Reihe die eine Kunst der andern subservirt, in
einem und ebendemselben Ganzen natürlich sei, und ob

die wollüstigere, welches unstreitig die ist, wo die Poesie der Musik subservirt, nicht der anderen schadet und unser Ohr zu sehr vergnügt, als daß es das wenigere Vergnügen bei der anderen nicht zu matt und schläfrig finden sollte. Dieses Subserviren unter den beiden Künsten besteht darin, daß die eine vor der anderen zum Hauptzweck gemacht wird, nicht aber darin, daß sich die eine blos nach der anderen richtet, und wenn ihre verschiedenen Regeln in Collision kommen, daß die eine der anderen soviel nachgiebt als möglich. Denn dieses ist auch in der alten Verbindung geschehen."

Von der Vereinigung der Dichtkunst und der Musik erwartete Lessing die Umgestaltung der Oper. Für die Entwickelungsgeschichte der Oper, insbesondere des musikalischen Dramas, sind seine Worte von außerordentlicher Bedeutung, denn sie gehören zu den Heroldsrufen, die schon im vergangenen Jahrhundert die Epoche der Wagnerkunst verkündet haben.

Schiller

Schiller.

Der Töne Macht, die aus den Saiten quillet,
Du kennst sie wohl, du übst sie mächtig aus.
Was ahnungsvoll den tiefen Busen füllet,
Es spricht sich nur in meinen Tönen aus;
Ein holder Zauber spielt um deine Sinnen,
Ergieß' ich meinen Strom von Harmonien,
In süßer Wehmuth will das Herz zerrinnen,
Und von den Lippen will die Seele fliehn,
Und setz' ich meine Leiter an von Tönen,
Ich trage dich hinauf zum höchsten Schönen.

(Huldigung der Künste: Die Musik.)

Der gewaltige Dichtergenius, dessen Meisterwerke die dankbare Nachwelt mit staunender Bewunderung erfüllen, der, was er schuf, aus der Tiefe seiner großen Seele schöpfte, hat die Musik mit einer Leidenschaft geliebt, die ihn im Schmerze aufzurichten, in der Freude für das Höchste zu begeistern vermocht hat. In jungen Tagen war die Feuergluth seiner ersten Verse

der Musik geweiht, in der Vollkraft seines Schaffens
hat er die Macht der Töne gefeiert, und zahlreiche, be=
deutungsvolle Aussprüche in seinen Schriften geben ein
beredtes Zeugniß, wie tief der Seherblick des Dichters
in das Wesen der Tonkunst eingedrungen ist.

Die Militär=Academie des kunstsinnigen Herzogs
Carl von Württemberg, auf welcher Friedrich Schiller
seine Ausbildung empfing, hatte unter ihren zahlreichen
Facultäten auch der Musik eine Heimstätte gewährt.
Aus den Reihen der Zöglinge, unter denen der Musiker
Zumsteeg (geboren 1760) und der musikalisch reich be=
anlagte Fr. Wilhelm v. Hoven (geboren 1759) zu
Schillers vertrauten Freunden zählten, wurde ein voll=
kommenes Orchester organisirt, und der Herzog gab der
jugendlichen Capelle häufig Gelegenheit, vor einem
fürstlichen Besuche oder einer glänzenden Festversamm=
lung sich auszuzeichnen. In der Regel folgte auf den
Vortrag eines Orchesterstückes eine dramatische Auf=
führung, bei welcher Schiller die Hauptrolle zugetheilt
war. Auf der Academie schrieb Schiller die lyrische
Operette „Semele“, „die so großartig gedacht war, daß,
wenn sie hätte aufgeführt werden sollen, alle mechanische
Kunst der Theater damaliger Zeit nicht ausgereicht
haben würde, um sie gehörig darzustellen“. Semele
wurde in der „Anthologie auf das Jahr 1782“ zum
ersten Male abgedruckt. Schiller selbst war wenig er=
baut davon: „Mögen mir's Apollo und seine neun
Musen,“ schrieb er, „vergeben, daß ich mich so gröblich

an ihnen versündigt habe". Später nahm er eine Um-
arbeitung der Semele vor, aber erst Körner nahm sie
in die Gesammtausgabe von Schillers Werken auf.

Im Jahre 1780 verließ Schiller die Academie und
bezog eine bescheidene Wohnung im Hause der verwitt-
weten Frau Hauptmann Vischer zu Stuttgart. Diese
geistvolle Frau besaß nach dem Urtheile der Zeitgenossen ein nicht gewöhnliches musikalisches Talent; der
jugendliche Dichter, der in heftiger Liebe zu ihr entbrannte, hat ihrem Clavierspiel in seinem Gedicht „Laura
am Clavier" ein Denkmal gesetzt.

Um diese Zeit weilte in Stuttgart ein junger
Musiker, Andreas Streicher (geboren 1761 daselbst),
dessen Bekanntschaft Schiller bereits auf der Academie
gemacht hatte. Die jungen Leute schlossen Freundschaft
mit einander, und als der Regimentsmedicus Schiller
1782 entschlossen war, nach Mannheim zu entfliehen,
war Streicher der edelmüthige, aufopfernde Freund, der
dem Flüchtling während der traurigsten Epoche seines
Lebens mit Gut und Blut helfend zur Seite stand.
Der junge Musiker war nichts weniger als bemittelt.
Um des Freundes willen sah er sich gezwungen, seinen
Lieblingsplan, nach Hamburg zu gehen, aufzugeben,
wo er unter Ph. Em. Bachs Leitung seine musikalischen
Studien zu vollenden gehofft hatte.

In seinem Buche „Schillers Flucht aus Stuttgart"
hat Andreas Streicher ein lebenswahres Bild jener
denkwürdigen Zeit entworfen. So schwer damals die

Sorge auf dem Gemüth der Jünglinge lastete, die Begeisterung für alles Hohe und Edle, die Freude an der Musik beseelte ihren Muth und half über manche schwere Stunde tröstend hinweg.

In Oggersheim bei Worms, wo Schiller mit dem Freunde für einige Zeit seinen Aufenthalt gewählt hatte, war es Streicher gelungen, ein gutes Clavier zu erlangen. „Die langen Herbstabende," berichtet er, „wußte Schiller für sein Nachdenken auf eine Art zu benutzen, die demselben ebenso förderlich als für ihn angenehm war. Denn schon in Stuttgart ließ sich immer wahrnehmen, daß er durch Anhören trauriger oder lebhafter Musik außer sich selbst versetzt wurde, und daß es nichts weniger als viele Kunst erforderte, durch passendes Spiel auf dem Clavier alle Affecte in ihm aufzureizen. Nun mit einer Arbeit beschäftigt (Kabale und Liebe), welche das Gefühl auf die schmerzhafteste Art erschütterte, konnte ihm nichts erwünschter sein, als in seiner Wohnung das Mittel zu besitzen, das seine Begeisterung unterhalten oder das Zuströmen von Gedanken erleichtern könne. Er richtete daher meistens schon bei dem Mittagstische mit der bescheidensten Zutraulichkeit die Frage an Streicher: Werden Sie nicht heute Abend wieder Clavier spielen? — Wenn nun die Dämmerung eintrat, wurde sein Wunsch erfüllt, währenddem er im Zimmer, das oft bloß durch das Mondlicht beleuchtet war, mehrere Stunden auf- und abging und nicht selten in unverständliche, begeisterte Laute ausbrach."

Die Freunde sollten sich bald für immer trennen. Schiller ging zunächst nach Bauerbach auf das Gut der Frau von Wolzogen, die ihm ein freundliches Asyl bot, während Streicher über Mannheim und München nach Wien wanderte. Dort wurde er als tüchtiger Clavierlehrer, als Gründer einer großen Pianoforte= fabrik und Förderer der Musik bis in das höchste Alter (er starb am 25. Mai 1833) von seinen Mitbürgern geehrt und geschätzt. —

Jahre vergingen, der Name Friedrich Schiller war in allen deutschen Gauen gekannt und gefeiert, die Ver= hältnisse des Dichters hatten sich freundlicher gestaltet. Auf einer Reise durch das schöne Thüringerland führte ihn sein Freund Wilhelm von Wolzogen in das Haus der Frau von Lengefeld zu Rudolstadt, mit deren lie= benswürdigen Töchtern Caroline und Charlotte sich bald ein lebhafter Verkehr entspann. Da schreibt Schiller nach seinem ersten Besuch im Lengefeld'schen Hause an Körner: „Alles, was Lectüre und guter Ton einer glücklichen Geistesanlage und einem empfänglichen Herzen zusetzen kann, findet sich da in vollem Maße außerdem auch viele musikalische Fertigkeit, die nicht den kleinsten Theil der Erholung ausmachen wird, den ich mir dort verspreche."

Auch in der Geschichte seines Herzens war die Musik ihm Vermittlerin seiner heiligsten Gefühle, — kurze Zeit darauf führte der Hofrath und Professor Schiller in Jena Charlotte von Lengefeld als sein Weib heim.

5*

Zu Anfang des Jahres 1802 kam Zelter, Goethe's Freund (geboren 1758 zu Berlin), eigens nach Weimar, um Schiller, dessen „Taucher" er componirt hatte, kennen zu lernen. Ueber diesen Besuch bei Schiller schrieb Zelter an Goethe: „Schiller war nicht längst in Dresden gewesen. Naumann hatte ‚Die Ideale‘ in Musik gesetzt und sie dem Dichter durch seine Schülerin, eine Mademoiselle Schäfer, vorsingen lassen. Das erste, wovon Schiller zu mir sprach, war diese Composition, über welche er ganz entrüstet war; wie ein so gefeierter, berühmter Mann ein Gedicht so zerarbeiten könne, daß über sein Geklimper die Seele des Gedichtes zu Fetzen werde, und so ging's über alle Componisten her. Den Effekt solcher tröstlichen Oration brauch' ich nicht zu beschreiben, ich hatte Schillers und Deine Gedichte (com- ponirt) im Sacke mitgebracht und mit einem Schlage die Lust verloren, sie auszupacken. Es war vor Tische: Schiller und ich sollten bei Dir essen. Die Frau kam und sagte: Schiller, Du mußt Dich anziehen, es ist Zeit. So geht Schiller in's andere Zimmer und läßt mich allein. Ich setze mich an's Klavier, schlage einige Töne an und singe ganz sachte für mich den ‚Taucher‘. Gegen das Ende der Strophe geht die Thüre auf und Schiller tritt leise heran — nur halb erst angezogen: ‚So ist's recht, so muß es sein!‘" —

Der Componist Johann Gottlieb Naumann (ge- boren 1741 zu Blasewitz), dessen Musik Schillers Miß- fallen in so hohem Grade erregt hatte, stand zu jener

Zeit auf der Höhe seines Ruhmes. Seine Opern, Oratorien, Cantaten und Lieder waren in der musikalischen
Welt sehr bekannt und beliebt. Indessen scheint ihm,
nach Schillers feinsinnigem Urteil zu schließen, die Composition der „Ideale" nicht recht geglückt zu sein.
Körner urteilt darüber: „Musik ist viel darin und in
einigen Stellen der Ausdruck glücklich. Aber in seiner
ganzen Methode, ein solches Gedicht zu behandeln, ver-
stößt Naumann gegen die ersten Grundsätze. Er hat eine
Wuth, einzelne Bilder zu malen und seine Darstellung
geht immer zuerst auf das Object, von dem gesprochen
wird, nicht auf den Zustand des Subjectes."

Die Zelter'sche Composition des „Taucher" schickte
Schiller dem musikalischen Freunde Körner. „Zelter,"
antwortete der Letztere, „hat mit vieler Begeisterung
gearbeitet und, wie mich däucht, Alles geleistet, was
bei einer so schweren Aufgabe gefordert werden kann.
Die Melodie ist sehr glücklich gewählt und mit kleinen
Abänderungen im Vortrage paßt sie wirklich auf alle
Strophen, unbeachtet ihrer beträchtlichen Anzahl und
großen Mannigfaltigkeit. Der Charakter ist edel und
bei einigen Strophen besonders der Ausdruck sehr kräftig.
Dies Letztere ist bei der Vielseitigkeit, die von dieser
Musik gefordert wurde, kein kleines Verdienst. Nur
möchte ich wissen, ob Zelter allein alle Strophen bis
zu Ende singt. Da das Clavier kein Zwischenspiel hat,
so ist es für die Brust des Sängers sehr angreifend;
oder wenn er sich im Anfange schonen will, wird der

Vortrag matt. Ich getraue mir nicht, alle Strophen durchzusingen, ungeachtet die Melodie sehr passend für meine Stimme ist. Auch verliert die schönste Musik ihren Reiz wenn man sie über zwanzigmal nach einander unverändert hört. Zelter hat nun für vier Strophen die Melodie ganz geändert, und ich schätze ihn deshalb, daß er das Bunte vermieden hat. Ich würde vorschlagen, einen Theil der Ballade in der Mitte zu declamiren, etwa von dem Verse an: ‚Und stille wird's über dem Wasserschlund‘ bis zur Erzählung des Knappen. Mit dieser trete die Musik wieder ein bis zum Schluß. Oder verschiedene Personen singen zu lassen: Den König, den Erzähler, den Knappen, die Zuschauer, die Tochter des Königs. Hier kann ich Schönberg die Stimme des Knappen geben. Auch habe ich einen derben Baß zum König. Ich habe nun auch die neue gedruckte Sammlung von Zelter, und der „Handschuh‘ besonders hat glückliche Stellen. Nur ist das Einzelne zu sehr gemalt und daher liebe ich die Behandlung des Tauchers weit mehr. Daß er hier der einundzwanzigsten und zweiundzwanzigsten Strophe eben die Musik wie der sechsten gegeben hat, beweist für seine richtigen Begriffe von musikalischer Darstellung. Man begreift daher kaum manche kleinliche Spielerei in der Composition des Handschuhs. Bei dem Gedichte ‚Die Erwartung‘: „Hör' ich das Pförtchen nicht gehen?‘ fällt er zuweilen in's Gesuchte; aber der Schluß ist sehr schön. Er scheint einen Hang zu Bach'schen Modula-

tionen zu haben, die im Gesange nur sehr selten brauch=
bar sind. Daß er den Tact zu oft ändert, will mir
auch nicht gefallen. Er zerstört den poetischen Rhyth=
mus." Schiller bemerkt auf diesen Brief: „Mich freut,
daß Du mit dem ‚Taucher‘ von Zelter so zufrieden bist.
Mir ist auch nicht leicht etwas Musikalisches vorge=
kommen, das in seiner Gattung so trefflich wäre." Am
20. Juni 1803 kündet er Körner Zelters Besuch in
Dresden an: „Zelter aus Berlin, der Dir diesen Brief
überbringt, wird eine sehr interessante Bekanntschaft
für Euch alle sein und Dir besonders einen fruchtbaren
Stoff zu musikalischen Unterhaltungen geben. Er diri=
girt, wie Du vielleicht schon weißt, das große Sing=
institut zu Berlin, welches der verstorbene Fasch ein=
gerichtet hat. Seine Balladen und Liedermelodien sind
trefflich und er trägt sie mit großem Ausdruck vor.
Die Bajadere, der Zauberlehrling, der Taucher, meine
Dithyrambe und mehrere andere sind meisterhaft ge=
setzt; doch Du wirst selbst davon urtheilen. Er ist
übrigens ein Mann von Bildung und tüchtigem Schrot
und Korn, wie es nicht viele giebt. Er bringt auch
einige Novitäten von mir mit, die Du noch nicht kennst,
und die ich ihm zum Componiren gegeben: eine Ballade
von Rudolph von Habsburg, ein Punschlied und ein
anderes ernstes Gesellschaftslied im Geschmack des Liedes
an die Freude, doch, wie ich hoffe, etwas besser ge=
rathen." Körner nahm Zelter freundlich auf, aber in
das begeisterte Lob, das Goethe und Schiller seinen

Compositionen spendeten, stimmte er nicht mit ein. „Zelter,“ schrieb er an Schiller, „hat mir Deine Ge= dichte gebracht, auch die drei ungedruckten mitgetheilt. Unter diesen ist die Ballade mein Liebling. Der Ton dieser Gattung ist Dir wieder vorzüglich gelungen. Das Siegesfest ist eine glückliche Idee und hat viel poetischen Werth. Der Musiker hat viel Gelegenheit, sein Talent daran zu zeigen, aber die Aufgabe ist nicht leicht. Das Punschlied hat einen ernsten deutschen Charakter, den ich zu Gesellschaftsliedern sehr liebe. Es ist nun einmal in unserer nordischen Natur, daß uns selbst die Freude zum Denken auffordert. — Zel= ters Bekanntschaft war mir allerdings interessant, und ich habe einige neue Compositionen von ihm gehört, unter denen der Kampf mit dem Drachen, die Sänger der Vorwelt und Hero und Leander mir die liebsten sind. Geist und Charakter ist überhaupt an ihm nicht zu verkennen, nur scheint mir seine musikalische Aus= bildung zu einseitig. Für die Production mag eine solche Bestimmtheit gute Folgen haben, aber für die Unterhaltung über Kunst vergißt man nicht selten die Grazien. Bei ihm gilt nichts als Fasch, Händel, Bach und einige wenige. Ich denke mir aber das Reich der Tonkunst weit größer, wo es für viele Andere noch Raum giebt. Ueber manches treffliche Talent, wofür es ihm vielleicht an Feinheit des Sinnes fehlt, urtheilt er auf eine wegwerfende Art und manches, was er vorzüglich schätzt, kommt mir wie ein musikalisches

Rechnungsexempel vor. Ueber das Philosophische der
Theorie wünsche ich noch mit ihm zu sprechen, doch
muß ich aus einigen Aeußerungen vermuthen, daß er
nicht tief genug eingedrungen ist und sich zu sehr an
Autoritäten hält. Es giebt allerdings in der modernen
Musik eine gewisse Weichlichkeit, ein üppiges Bestreben,
das Ohr zu kitzeln, ohne den Geist und das Herz zu
befriedigen, wogegen es Pflicht ist zu eifern; aber uns
deswegen nur auf derbe nordische Kraft zu beschränken,
wäre eine andere Art von Extrem. Auch in der Musik liegt
das Erhabene nicht blos im Gebiete des Schwierigen,
und es giebt schöne Formen, die man durch richtige,
aber trockene Zeichnung nicht erreicht. Zelter selbst
müßte einen großen Theil seiner Arbeiten verachten und
gerade solche, die ihm sehr zum Verdienst gereichen,
wenn er consequent wäre. Kurz, ich würde mich oft
mit ihm streiten, wenn wir zusammenlebten, ungeachtet
ich ihn gewiß hochschätze." Nach dieser vortrefflichen
Charakteristik Zelters darf man es begreiflich finden,
daß Körner dem Plane Schillers, die „Glocke" Zelter zur
Composition zu übergeben, nicht zustimmen konnte. In
Dresden hatte der ehemalige Director des Hoftheaters
die herrliche Dichtung mißhandelt. „Ich habe Dir noch
von der Art Nachricht zu geben," meldet Körner dem
Dichterfreunde, „wie der Baron Rackwitz neulich eine
Aufführung Deines Gedichts, die Glocke, veranstaltet hat.
Zwischen der Declamation war Instrumentalmusik —
ein Choral (nicht gesungen) und einzelne Stücke aus

Opern und anderen größeren Werken von verschiedenen
Meistern, auch einige von einem hiesigen Kammer=
musikus besonders dazu componirt. Nur ein paar
Stellen wurden im Chor gesungen. Opiß sprach den
Meister und die Hartwig das Uebrige. Beide haben
keine Idee, wie eigentlich die Glocke gesprochen werden
muß. Die Hartwig kam fast nie aus ihrem weinerlichen
Ton. Die Musik war ein buntes Gemengsel, das kein
Ganzes bildete, war nicht allemal passend und unter=
brach oft zur Unzeit die Rede. Indessen halte ich es
nicht für unmöglich, die Glocke auf eine solche Art
kunstmäßig zu behandeln. Nur muß das Ganze von
einem Manne absichtlich dazu componirt werden."
Schiller entgegnete: „Ich glaube mit Dir, daß sich die
Glocke recht gut zu einer musikalischen Darstellung
qualificirte, aber dann müßte man auch wissen, was
man will und nicht in's Gelag hineinschmieren. Dem
Meister Glockengießer muß ein kräftiger biederer Cha=
rakter gegeben werden, der das Ganze trägt und zu=
sammenhält. Die Musik darf nie Worte wählen und
sich mit kleinlichen Spielereien abgeben, sondern muß
nur dem Geist der Poesie im Ganzen folgen. Ich
danke Gott, daß ich diese Musik, von der ich ein Mor=
ceau gehört habe, und diese Darstellung durch Opiß
und die Hartwig nicht habe hören müssen." In neuerer
Zeit haben bekanntlich Romberg und Bruch mit großem
Erfolg die Glocke componirt.

Das Lied an die Freude hatte Schubart, der Ge=

fangene auf Hohenasperg, in Musik gesetzt. Naumanns
Composition des Gedichtes erfuhr Körners abfällige Kritik.
Schiller nahm dieses Mal den Componisten in Schutz.
„Ueberhaupt glaube ich, hast Du oder wer mir die Com-
position tadelte, ihm zuviel gethan. Dein Chor (in der
Körner'schen Composition des Liedes an die Freude) ge-
fällt mir ungleich besser als seiner, aber im ganzen Liede
ist ein herzliches strömendes Freudengefühl und eine
volle Harmonie nicht zu verkennen." Der lebhafte
Wunsch, seine Gedichte in Musik gesetzt zu sehen, begleitete
Schiller lebenslang. Die Verbindung mit Reichardt,
dessen zudringliches Wesen ihn abstieß, war von kurzer
Dauer. Er ermunterte Körner, der sich mit Glück
in mancherlei Compositionen versucht hatte, die Götter
Griechenlands in Musik zu setzen: „Mache Dich doch
an einige Strophen aus den Göttern Griechenlands:
Du könntest mich recht damit regaliren. Sie sind gewiß
sehr singbar und einige leiden auch sehr die musikalische
Behandlung. Du könntest mich und meine hiesigen
Freunde ordentlich glücklich damit machen." Körner erkannte wohl die Schwierigkeiten, die sich der Composition
der Schiller'schen Gedichte entgegenstellen. Ihre glänzende, beinahe überschwängliche Sprache, der hohe Flug
der Gedanken, von dem sie getragen werden, fordert vom
Tonsetzer die Kraft und Vertiefung, wie wir sie in Beethovens Composition des Liedes an die Freude bewundern.
Den kleineren Gedichten Schillers fehlt der rhythmische
Schwung und die volksthümliche Art, die den Compo-

nisten ganz besonders zur musikalischen Bearbeitung
einladen.

„Ich hatte immer ein gewisses Vertrauen zur
Oper," schrieb Schiller am 29. Dezember 1797 an
Goethe, „daß aus ihr wie aus den Chören des alten
Bacchusfestes das Trauerspiel in einer edlern Gestalt
sich loswickeln sollte. In der Oper erläßt man wirk=
lich jene servile Naturnachahmung und obgleich nur
unter dem Namen von Indulgenz könnte sich auf diesem
Wege das Ideale auf das Theater stehlen. Die Oper
stimmt durch die Macht der Musik und durch eine
freiere harmonische Reizung der Sinnlichkeit das Ge=
müth zu einer schönern Empfängniß; hier ist wirklich
auch im Pathos selbst ein freieres Spiel, weil die
Musik es begleitet, und das Wunderbare, welches hier
einmal geduldet wird, müßte nothwendig gegen den
Stoff gleichgültiger machen." Goethe antwortete: „Ihre
Hoffnung, die Sie von der Oper hatten, würden Sie
neulich in Don Juan auf einen hohen Grad erfüllt
gesehen haben; dafür steht aber auch dieses Stück ganz
isolirt und durch Mozarts Tod ist alle Aussicht auf
etwas Aehnliches vereitelt."

Iffland hatte Goethe aufgefordert, ihm für das
Berliner Theater den nahezu vollendeten zweiten Theil
der Zauberflöte zu überlassen. „Darüber," meldet
Goethe an Schiller, „ist mir der Gedanke wieder leb=
haft geworden, ich habe die Acten wieder vorgenommen
und einiges d'ran gethan. Im Grunde ist schon soviel

geschehen, daß es thöricht wäre, die Arbeit liegen zu lassen, und wäre es auch nur um des leidigen Vortheils willen, so verdient doch auch der eine schuldige Beherzigung, um so mehr als eine so leichte Composition zu jeder Zeit und Stunde gearbeitet werden kann und doch noch überdies eine Stimmung zu was Besserem vorbereitet." Schiller zweifelte an dem Erfolge der Oper: „Wenn Sie zu der Fortsetzung der Zauberflöte keinen recht geschickten und beliebten Componisten haben, so setzen Sie sich, fürchte ich, in Gefahr, ein undankbares Publikum zu finden, denn bei der Repräsentation selbst rettet kein Text die Oper, wenn die Musik nicht gelungen ist, vielmehr läßt man den Poeten die verfehlte Wirkung mit entgelten."

Schillers Aufenthalt in Weimar und seine engen Beziehungen zum Hoftheater steigerten sein Interesse für die Oper. Wieland suchte ihn für eine Bearbeitung des Oberon zur Operndichtung zu gewinnen. Schiller war geneigt, auf den Plan einzugehen. Der Hofkapellmeister Kranz hatte die Musik zu liefern versprochen. Aber Körner in Dresden machte seinen ganzen Einfluß geltend, die Arbeit zu verhindern: „Daß Du aus dem Oberon eine Oper machen willst, behagt mir nicht. Warum nicht selbst ein Sujet erfinden? Mich däucht immer, daß Du in der Idee des Ganzen und der dramatischen Anordnung glücklicher sein würdest als in der Ausarbeitung der einzelnen Stücke nach dem Wunsche des Musikers. Auch mußt

Du einen berühmten Componisten anstellen. Naumann wird gern für Dich arbeiten. Warum willst Du Dich mit einem Anfänger einlassen?" In Folge dieses Briefes gab Schiller Wieland einen ablehnenden Bescheid, in seinem Nachlaß fand sich der Entwurf einer Arie Scherasmins. „Naumann," schrieb Körner später, „hat wieder mit mir von einer Nationaloper gesprochen, die Du ihm machen solltest." Schiller, der nicht allzuviel von dem Compositionstalent Naumanns hielt, nahm den Gedanken einer Verbindung mit demselben nicht auf.

Zu Anfang des neuen Jahrhunderts sollte Gluck's Iphigenie in Weimar aufgeführt werden. Goethe, den Geschäfte nach Jena riefen, bat Schiller, in seiner Abwesenheit die Proben zu leiten. „In den Nachmittagstunden," erklärte sich Schiller bereit, „will ich mit Vergnügen bei den Proben gegenwärtig sein, aber mehr als die Gegenwart kann ich nicht leisten." Die Wirkung der Oper auf ihn war eine außerordentliche, er nahm keinen Anstand Gluck mit Mozart zu vergleichen. „Glucks ,Iphigenie auf Tauris' hat mir einen unendlichen Genuß verschafft, noch nie hat eine Musik mich so rein und schön bewegt als diese; es ist eine Welt der Harmonie, die gerade zur Seele bringt und in süßer, hoher Wehmuth auflöst."

Daß Schiller von der Oper das Drama der Zukunft erwartete, hatte er in seinem Briefe an Goethe vom 29. Dezember 1797 ausgesprochen. Indessen deutet keine Stelle in seinen Briefen an Körner darauf hin, daß er interessirt war durch den competenten

Freund eine gründlichere Kenntnis von der Wirkung und dem Wesen der Oper zu gewinnen.

Nachdem er aber seine Theorie des Schönen begonnen hatte und den objectiven Begriff der Schönheit gewonnen zu haben glaubte, mußte er nothgedrungen die Musik in seine ästhetischen Betrachtungen einführen. „An musikalischen Einsichten," bekannte er Körner, „verzweifle ich, denn mein Ohr ist schon zu alt; doch bin ich gar nicht bange, daß meine Theorie der Schönheit an der Tonkunst scheitern werde." Im Verlauf der Arbeit machte ihm dennoch die Behandlung der Musik Schwierigkeiten. An Körner, dessen Besuch er in Jena erwartete, schrieb er: „Ich bin ungeduldig auf unsere Geistesergießungen und dann möchte ich auch durch Dich mit musikalischen Ideen bekannt werden, weil ich diese Kunst nicht zurücklassen kann und will." Die Theorie der Schönheit blieb unvollendet, aber die Ideen, die er darin entwickelt hatte, gingen in die Briefe über die ästhetische Erziehung des Menschen über. Im 22. Brief handelt er von der ästhetischen Wirkung der Musik. „Eine rein ästhetische Wirkung," sagt er, „ist nicht anzutreffen, die Vortrefflichkeit eines Kunstwerkes kann blos in seiner größeren Annäherung zu jenem Ideale ästhetischer Reinheit bestehen und bei aller Freiheit, zu der man es steigern mag, werden wir es doch immer in einer besonderen Stimmung und mit einer eigenthümlichen Richtung verlassen. Je allgemeiner nun die Stimmung, und je weniger eingeschränkt die Richtung ist, welche unserm Gemüth durch eine bestimmte Gattung der Künste und durch ein bestimmtes Product aus derselben gegeben wird, desto edler ist jene Gattung, und desto vortrefflicher ist jenes Product. Man kann dies mit Werken aus verschiedenen Künsten und mit verschiedenen Werken der nämlichen Kunst versuchen. Wir verlassen eine schöne Musik mit reger Empfindung, ein schönes Gedicht mit belebter Einbildungskraft, ein schönes Bildwerk und Gebäude mit aufgewecktem Verstand; wer uns aber unmittelbar nach einem hohen musikalischen Genuß zu abgezogenem Denken einladen, unmittelbar nach einem hohen poetischen Genuß in einem abgemessenen Geschäft des gemeinen Lebens gebrauchen, unmittelbar nach Betrachtung schöner Malereien und Bildhauerwerke unsere Einbildungskraft erhitzen und unser Gefühl überraschen wollte, der würde seine Zeit nicht gut wählen. Die Ursache ist, weil auch die geistreichste Musik durch ihre Malerei noch immer in einer größeren Affinität zu den Sinnen steht, als die wahre ästhetische Freiheit duldet, weil auch das glücklichste Gedicht von dem willkürlichen und zufälligen Spiele der Imagination, als seines Mediums, noch immer mehr participirt, als die innere Nothwendigkeit des wahrhaft Schönen verstattet, weil auch das trefflichste Bildwerk, und dieses vielleicht am meisten, durch die Bestimmtheit seines Begriffs an die ernste Wissenschaft grenzt. Indessen verlieren sich diese besonderen Affinitäten mit jedem höheren Grade, den ein Werk

aus diesen drei Kunstgattungen erreicht, und es ist eine
nothwendige und natürliche Folge ihrer Vollendung,
daß, ohne Verrückung ihrer objectiven Grenzen, die ver=
schiedenen Künste in ihrer Wirkung auf das Gemüth
einander immer ähnlicher werden.

„Die Musik „in ihrer höchsten Bedeutung muß
Gestalt werden und mit der ruhigen Macht der Antike
auf uns wirken; die bildende Kunst in ihrer höchsten
Veredelung muß Musik werden und uns durch un=
mittelbare sinnliche Gegenwart rühren; die Poesie in
ihrer vollkommensten Ausbildung muß uns, wie die
Tonkunst, mächtig fassen, zugleich aber wie die Plastik
mit ruhiger Klarheit umgeben. Darin eben zeigt sich
der vollkommene Stil in jeglicher Kunst, daß er die
specifischen Schranken derselben zu entfernen weiß, ohne
doch ihre specifischen Vorzüge mit aufzugeben, und durch
eine weise Benutzung ihrer Eigenthümlichkeit ihr einen
mehr allgemeinen Charakter ertheilt."

Die Gedanken, die Schiller hier entwickelt, hatten
nicht am wenigsten Körners Briefe, insbesondere dessen
Aufsatz „Ueber das Ideal des Charakters in der
musikalischen Darstellung" in Fluß gebracht. Schiller
hatte zugleich mit Humboldt an diesem Aufsatz des
Freundes mancherlei auszusetzen, er erschien in neuer
Gestalt im 5. Stück der Horen unter dem Titel „Ueber
Charakterdarstellung in der Musik". In der ersten
Form der Arbeit, die ihm vorlag, vermißte Schiller den
materiellen Theil der Musik, „auf welchem allein ihre

ganze specifische Macht beruht". „Es ist doch sonder=
bar, daß eigentlich im ganzen Aufsatze nur von den
ästhetischen Wirkungen der Musik, die sie mehr oder
weniger mit jeder ästhetischen Kunst gemein hat, aber
gar kein Wort von ihrer eigenthümlichen Wirkung, die
in der specifischen Eigenthümlichkeit ihres körperlichen
Theils, des Tones, beruht, die Rede ist.

„Alles, was Du sagtest, müßte ebenso gut auf
Farben, Claviere, Tanzkunst 2c. angewendet werden
können. Offenbar beruht die Macht der Musik auf
ihrem körperlichen, materiellen Theil. Aber weil in dem
Reiche der Schönheit alle Macht, insofern sie blind ist,
aufgehoben werden soll, so wird die Musik nur ästhetisch
durch die Form. Die Form aber macht keineswegs,
daß sie als Musik wirkt, sondern blos, daß sie bei ihrer
musikalischen Macht ästhetisch wirkt. Ohne Form würde
sie über uns blind gebieten, ihre Form rettet unsere
Freiheit. Aber die Freiheit macht das Aesthetische allein
nicht aus, sondern die Freiheit, sofern sie sich im Leiden
behauptet. Dieses Leiden wird hier hervorgebracht
durch den Ton, dessen Einfluß auf uns und Affinität
mit unseren Leidenschaften lediglich auf Naturgesetzen
beruht. Im Aesthetischen aber sollen zugleich mit
Naturgesetzen auch Freiheitsgesetze herrschen. Daher die
Nothwendigkeit des Charakters in der Musik, wenn sie
als schöne Kunst wirken soll. Nimmst Du der Musik
alle Form, so verliert sie zwar alle ihre ästhetische, aber
nicht alle ihre musikalische Macht. Nimmst Du ihr

allen Stoff und behältst bloß ihren reinen Theil, so verliert sie zugleich ihre ästhetische und ihre musikalische Macht und wird blos ein Object des Verstandes. Dies beweist also, daß auf ihren körperlichen Theil mehr Rücksicht genommen werden muß, als Du genommen hast. Ebenso urtheilte auch W. v. Humboldt und Goethe. Ich wünsche also, daß Du, wäre es auch nur im Vorbeigehen, die eigenthümliche Macht der Musik, die blos auf ihrer Materie beruht, noch berühren möchtest."

In der Recension über Matthisons Gedichte, die 1794 in der Allgemeinen Literaturzeitung erschien, vergleicht Schiller Landschaftsmalerei, Landschaftsdichtung und Musik mit einander: „Zwar sind Empfindungen," sagt er, „ihrem Inhalte nach, keiner Darstellung fähig; aber ihrer Form nach sind sie es allerdings, und es existirt wirklich eine allgemein beliebte und wirksame Kunst, die kein anderes Object hat, als eben diese Form der Empfindungen. Diese Kunst ist die Musik. — Nun besteht aber der ganze Effect der Musik (als schöner und nicht blos angenehmer Kunst) darin, die inneren Bewegungen des Gemüths durch analogische äußere zu begleiten und zu versinnlichen. Da nun jene inneren Bewegungen (als menschliche Natur) nach strengen Gesetzen der Nothwendigkeit vor sich gehen, so geht diese Nothwendigkeit und Bestimmtheit auch auf die äußeren Bewegungen, wodurch sie ausgedrückt werden, über; und auf diese Art wird es begreiflich, wie vermittelst jenes symbolischen Actes die gemeinen Naturphänomene des

Schalles und des Lichts von der ästhetischen Würde der Menschennatur participieren können. Dringt nun der Tonsetzer und der Landschaftsmaler in das Geheimniß jener Gesetze ein, welche über die inneren Bewegungen des menschlichen Herzens walten und studirt er die Analogie, welche zwischen diesen Gemüthsbewegungen und gewissen äußeren Erscheinungen stattfindet, so wird er aus einem Bildner gemeiner Natur zum wahrhaften Seelenmaler. Er tritt aus dem Reich der Willkür in das Reich der Nothwendigkeit ein und darf sich, wo nicht dem plastischen Künstler, der den äußern Menschen, doch dem Dichter, der den inneren zu seinem Objecte macht, getrost an die Seite stellen.

„Jene liebliche Harmonie der Töne, die den ästhetischen Sinn entzückt, befriedigt jetzt zugleich den moralischen; jene Stetigkeit, mit der sich die Töne in der Zeit aneinanderfügen, ist ein natürliches Symbol der inneren Uebereinstimmung des Gemüthes mit sich selbst und des sittlichen Zusammenhanges der Handlungen und Gefühle, und in der schönen Haltung eines musikalischen Stückes malt sich die noch ·schönere einer sittlich gesinnten Seele. Der Tonsetzer bewirkt dies nur durch die Form seiner Darstellung und stimmt blos das Gemüth zu einer gewissen Empfindungsart und zur Aufnahme gewisser Ideen; aber einen Inhalt dazu zu finden, überläßt er der Einbildungskraft des Zuhörers.“

In einem Briefe an Herder nannte sich Schiller

„einen vollkommenen Laien" im Musiksache; Goethe gegenüber äußerte er: „In Angelegenheiten der Musik habe ich wenig Competenz und Einsicht." Wenn Körner an Schillers musikalisch=ästhetischen Abhandlungen den größten Antheil hatte, so können dieselben doch nur im Zusammenhang mit der Kant'schen Aesthetik, die Schiller 1790 kennen lernte, vollkommen gewürdigt werden.

Dem letzten Grund musikalischen Empfindens er= kennend zu nahen, mußte dem Dichter der „Ideale" ver= sagt bleiben, der in seinem poetischen Schaffen mit steter Entwicklung sich von der Stimmung zur Idee erhob. Aber wie sein musikalisches Urtheil immer von seinem dichterischen Werthfühlen sicher geleitet ward, so konnte er vorausschauenden Blickes die Oper der Zukunft, das musikalische Drama, weissagen.

Goethe

Goethe.

Während die finstere Sorge Schiller durch eine freudlose Jugend begleitete und den Gluthstrom dichterischer Begeisterung in ihm zu ersticken drohte, hatte das launische Glück all' seine Gaben verschwenderisch vor den Augen des jungen Goethe ausgebreitet. Der Glanz eines vornehmen Hauses, die Wohlthat einer ausgezeichneten Erziehung, die Umgebung einer volkreichen Stadt, der Verkehr mit namhaften Künstlern vereinigten sich, um frühzeitig den ungewöhnlich begabten Knaben auf den Weg vorzubereiten, den er, weitberühmt vor allen Sterblichen, auf den Höhen des Daseins zu wandeln begnadet war.

Unter den schönen Künsten, die in Goethe's Elternhaus gepflegt wurden, nahm die Musik eine hervorragende Stelle ein. Goethe's Vater spielte die Flöte, die Frau Rath sang, Wolfgang selbst erlernte das Clavierspiel. Von seinem ersten Clavierunterricht giebt er uns in Wahrheit und Dichtung eine köstliche Beschreibung.

Im Hause eines seiner Gespielen hatte er eines Tages einen wunderlichen Clavierlehrer entdeckt, der es verstand, mit allerlei Schnurren seinen Schülern über die Anfangsgründe des Clavierspiels hinwegzuhelfen. Für jede Note, für jede Taste hatte er eine drollige Bezeichnung gefunden, die er dann mit der trockensten Miene der Welt zum Ergötzen der Kleinen zu gebrauchen wußte, ohne daß der Unterricht bei dieser sonderbaren Methode Noth gelitten hätte. Goethe hatte nichts Eiligeres zu thun, als seiner Schwester von diesem possierlichen Manne zu erzählen, und nun drangen die Geschwister vereint in die Eltern, ihnen diesen vortrefflichen Claviermeister zu verschaffen. Der Maestro kam, allein zum Entsetzen der Kinder schien er alle Späße und lustigen Einfälle mit einem Mal vergessen zu haben, und Fräulein Cornelia machte dem armen Wolfgang, der sie zu dem Unternehmen überredet hatte, die bittersten Vorwürfe.

„Ich war selbst betäubt," erzählt Goethe, „und lernte wenig, obgleich der Mann ordentlich zu Werke ging: denn ich wartete immer noch, die früheren Späße sollten zum Vorschein kommen und vertröstete meine Schwester von einem Tag zum andern. Aber sie blieben aus, und ich hätte mir dieses Räthsel nie erklären können, wenn es mir nicht gleichfalls ein Zufall aufgelöst hätte.

„Einer meiner Gespielen trat herein mitten in der Stunde, und auf einmal eröffneten sich die sämmtlichen Röhren des humoristischen Springbrunnens; die Däumer=

linge und Deuterlinge, die Krabler und die Zabler
wie er die Finger zu bezeichnen pflegte, die Fakchen
und Gakchen wie er z. B. die Note f und g, die
Fiekchen und Giekchen, wie er fis und gis benannte,
waren auf einmal wieder vorhanden und machten die
wundersamsten Männerchen."

Im Spätherbst 1765 bezog Goethe die Universität
Leipzig. Er verkehrte dort im Breitkopf'schen Hause,
— Johann Gottlieb Immanuel Breitkopf componierte
seine ersten Gedichte. So flott der Bruder Studio
zu leben mußte, versäumte er doch niemals gute Musik
zu hören. In den Opern und Oratorien von Hasse
und Johann Adam Hiller feierten damals die Sänger=
innen Gertrud Schmehling und Corona Schröter
Triumphe. „Beide," erzählt Goethe, „habe ich oft in
Hasse'schen Oratorien neben einander singen hören, und
die Wagschalen des Beifalls standen für beide immer
gleich, indem bei der einen die Kunstliebe, bei der an=
deren das Gemüth in Betrachtung kam."

Die Straßburger Universitätszeit brachte dem jungen
Goethe wenig musikalische Anregung, er musicirte mit
Friederike Brion in Sesenheim, später erlernte er das
Violoncellospiel, doch scheint er es darin ebensowenig wie
auf dem Clavier zu einer besonderen Fertigkeit gebracht
zu haben. Sicherlich waren es ungeachtet aller Vor=
liebe für die Musik die technischen Schwierigkeiten, die
ihn zurückhielten, auf das Studium eines Instrumentes
gründlich einzugehen.

Nach seiner Rückehr in die Heimath schrieb Goethe die Singspiele Erwin und Elmire (von Johann André componirt) und Claudine von Villa Bella.

Die italienische Musik beherrschte damals den Ge=schmack der Zeit, der junge Dichter stand vollkommen unter ihrem Einfluß, nichtsdestoweniger ging er mit dem ernsthaften Plane um, die Oper zu reorganisiren. Bei dem nahen Verhältniß, in welches er bald nach seiner Ankunft in Weimar (1776) zur Hofbühne trat, sollten seine Pläne Form und Gestalt gewinnen: wenn sie nichtsdestoweniger schließlich gescheitert sind, so lag dies nur daran, daß es Goethe zeitlebens nicht ver=gönnt war, einen congenialen Componisten zu finden, der im Stande gewesen wäre, seinem Ideengang zu folgen

In Frankfurt hatte Goethe den Componisten Philipp Christoph Kaiser (geboren 1755) kennen ge=lernt. Kaiser sollte das Singspiel Jery und Bätely componiren. Goethe instruirt ihn: „Sie haben in dem Augenblicke, da ich dieses schreibe, vielleicht schon mehr über das Stück nachgedacht, als ich Ihnen sagen kann, doch erinnere ich Sie nochmals, machen Sie sich mit dem Stücke recht bekannt, ehe Sie es zu componiren anfangen, disponiren Sie Ihre Melodien, Ihre Accom=pagnements u. s. w., daß alles aus dem Ganzen in das Ganze hineinarbeitet. Das Accompagnement rathe ich Ihnen sehr mäßig zu halten, nur in der Mäßigkeit ist der Reichthum, wer seine Sache versteht, thut mit zwei

Violinen, Viola und Baß mehr als andere mit der ganzen Instrumentenkammer. Bedienen Sie sich der blasenden Instrumente als eines Gewürzes und einzeln; bei der Stelle die Flöte, bei einer die Fagot, dort Hautboe, das bestimmt den Ausdruck, und man weiß, was man genießt, anstatt daß die meisten neueren Componisten wie die Köche bei den Speisen einen Hautgout von allerlei bringen, darüber Fisch wie Fleisch und das Gesottene wie das Gebratene schmeckt."

Kaiser war nicht im Stande, die Composition zu Jery und Bätely zu Ende zu führen, dessenungeachtet schickte ihm Goethe die Operette „Scherz, List und Rache". Kaiser konnte sich nicht in den Rhythmus der Verse finden. „Der Musikus kann Alles", antwortet ihm Goethe, „das Höchste und Tiefste kann, darf und muß er verbinden, und blos in dieser Ueberzeugung habe ich mein proteusartiges Ehepaar einführen können und wollte noch tolleres Zeug wagen, wenn wir rechte Sänger, Acteurs und ein großes Publikum hätten. Mir sind die Meinungen eines Künstlers, der das Mechanische seiner Kunst versteht, immer höchst wichtig, und ich setze sie über Alles. Es kommt nicht darauf an, was man mit dem einmal gegebenen Organ machen will, sondern was man machen kann. Der Dichter eines musikalischen Stückes, wie er es dem Componisten hingiebt, muß es ansehen wie einen Sohn oder einen Zögling, den er eines neuen Herrn Dienste widmet. Es fragt sich nicht mehr, was Vater oder Lehrer aus dem

Knaben machen wollen, sondern wozu ihn sein Gebieter bilden will; glücklich, wenn er das Handwerk besser versteht, als der erste Erzieher."

Kaisers Composition der Operette scheint Goethe befriedigt zu haben. „Sie hat mir," lesen wir in den Annalen, „manchen Genuß verschafft, viel zu Denken gegeben und ein gutes Jugendverhältniß, welches sich nachher in Rom erneuerte, immerfort lebendig erhalten."

Gegen Ende des Jahres 1786 nahm Goethe von seinem fürstlichen Gönner in Carlsbad Abschied, um in aller Stille nach Italien aufzubrechen. Auf der Reise besuchte er in Vicenza die Oper. „Gestern," berichtete er, „war Oper, sie dauerte bis nach Mitternacht und sehnte ich mich zu ruhen. Die Sultaninnen und die Entführung aus dem Serail haben manche Fetzen hergegeben, woraus das Stück mit weniger Klugheit zusammengeflickt ist. Die Musik hört sich bequem an, ist aber wahrscheinlich von einem Liebhaber, kein neuer Gedanke, der mich getroffen hätte."

Die tiefgehende Wandlung, die seine Kunstanschauungen in Rom erfuhren, war auch für seine Stellung zur Musik bedeutend. Charakteristisch ist, daß er Kaiser, der in Zürich weilte, als musikalischen Mentor zu sich berief. „Wahrscheinlich," schreibt er, „hab' ich die Freude, Kaiser in Rom zu sehen. So wird sich denn auch die Musik zu mir gesellen um den Reigen zu schließen, den die Künste um mich ziehen."

Die Abende waren dem Besuch des Theaters gewidmet, Cimarosa war sein Lieblingscomponist. Unter Mitwirkung italienischer Opernsänger und des Concertmeisters Kranz aus Weimar veranstaltete er in seiner Wohnung zu Ehren der befreundeten Angelika Kaufmann eine musikalische Aufführung, die die Anwohner des ganzen Stadtviertels in nicht geringe Aufregung versetzte.

Zu Anfang November kam Kaiser nach Rom. „Kaiser ist nun da," schreibt er, „und es ist ein dreifaches Leben, da die Musik sich anschließt."

Er beginnt eine neue Oper (der Großkophta) und arbeitet mit Kaiser die Singspiele Erwin und Elmine und Claudine von Villa Bella durch.

„Die Gegenwart unseres Kaisers," meldet er, „erhöhte und erweiterte die Liebe zur Musik, die sich bisher nur auf theatralische Exhibitionen eingeschränkt hatte. Er war sorgfältig, die Kirchenfeste zu bemerken, und wir fanden uns dadurch veranlaßt, auch die an solchen Tagen aufgeführten solennen Musiken mit anzuhören. Wir fanden sie freilich schon sehr weltlich mit vollständigtem Orchester, obgleich der Gesang noch immer vorwaltete. Ich erinnere mich an einem Cäcilientage zum erstenmale eine Bravour-Arie mit eingreifendem Chor gehört zu haben, sie that auf mich eine außerordentliche Wirkung, wie sie solche auch noch immer, wenn dergleichen in den Opern vorkommt, auf das Publikum ausübt."

Im Januar 1788 schickte Goethe die Singspiele
Erwin und Elmire und Claudine von Villa Bella,
welche er inzwischen neu bearbeitet hatte, nach Weimar.
„Beide Stücke," meint er, „sind mehr gearbeitet als
man ihnen ansieht, weil ich erst recht mit Kaiser die
Gestalt des Singspiels studirt habe." Und weiter be=
merkt er: „Um mir selbst meinen Egmont interessant
zu machen, fing der römische Kaiser mit den Brabantern
Händel an und um meinen Opern einen Grad von
Vollkommenheit zu geben, kam der Züricher Kaiser
nach Rom." Endlich: „Kaiser geht auch als ein
wackerer Künstler zu Werke. Seine Musik zur Egmont
avancirt stark. Noch habe ich nicht alles gehört. Mir
scheint jedes dem Endzweck sehr angemessen."

Es ist auffallend, daß Goethe bald nach seiner
Rückkehr aus Italien die Verbindung mit Kaiser, dessen
Talent er so hoch geschätzt hatte, vollkommen abbrach.
Wahrscheinlich ist er zu der richtigen Erkenntniß gelangt,
daß die Compositionen seines Freundes ebenso unbe=
deutend waren, als der Componist unfähig war, den
Dichter zu verstehen.

Der Besuch des Componisten Johann Friedrich
Reichardt in Weimar (geboren 1752 zu Königsberg)
führte zu einer neuen musikalischen Verbindung. Rei=
chardt, der es verstand, mit seinem Talent die Künste
eines durchtriebenen Weltmannes zu verbinden, hatte
sich zu einer ganz bedeutenden Stellung emporge=
schwungen.

Seine Opern wurden in ganz Deutschland mit großem Beifall gegeben, und der König von Preußen, dessen Hofcapellmeister er war, schenkte ihm seine besondere Huld. Auch Goethe war wie alle Welt von seinen Compositionen entzückt. Reichardt componirte Claudine von Villa Bella, Jery u. Bätely, Egmont und die Lieder aus Wilhelm Meister.

Reichardts Sympathien für die französische Revolution, denen er offenkundig Ausdruck gab, veranlaßten Goethe, ihm die Freundschaft zu kündigen. Wir finden darüber in den Annalen bemerkt: „Man war mit Capellmeister Reichardt, ungeachtet seiner vor- und zudringlichen Natur, in Rücksicht auf sein bedeutendes Talent in gutem Vernehmen gestanden, er war der Erste, der mit Ernst und Stetigkeit meine lyrischen Arbeiten durch Musik in's Allgemeine förderte, und ohnehin lag es in meiner Art durch herkömmliche Dankbarkeit unbequeme Menschen fortzudulden, wenn sie es mir gar zu arg machten, alsdann aber meist mit Ungestüm ein solches Verhältnis abzubrechen.

„Nun hatte sich Reichardt mit Wuth und Ingrimm in die Revolution geworfen; ich aber die gräulichen unaufhaltsamen Folgen solcher gewaltthätigen aufgelösten Zustände mit Augen schauend und zugleich ein ähnliches Geheimtreiben im Vaterlande durch und durch blickend, hielt ein- für allemal am Bestehenden fest . . . . . Reichardt hatte auch die Lieder zu Wilhelm Meister mit Glück zu componiren angefangen, wie denn immer

noch seine Melodie „Kennst Du das Land" als vorzüglich bewundert wird. Unger theilte ihm die Lieder
der folgenden Bände mit, und so war er von der
musikalischen Seite unser Freund, von der politischen
unser Widersacher, daher sich im Stillen ein Bruch
vorbereitete, der zuletzt unaufhaltsam an den Tag kam."

Die Leitung des Weimarer Hoftheaters, die Goethe
auf Wunsch der Herzogs übernommen hatte, brachte
ihn mit der Oper in nahe Berührung. „Gar
sehr," sagte er, „begünstigte mich diese Neigung zur
musikalischen Poesie. Ein unermüdlicher Concertmeister,
Kranz, und ein immer thätiger Theaterdichter, Vulpius,
griffen lebhaft mit ein. Einer Anzahl italienischer und
französischer Opern eilte man, deutschen Text unterzu-
legen, auch gar manchen schon vorhandenen zur besseren
Singbarkeit umzuschreiben. Die Partituren wurden
durch ganz Deutschland verschickt. Fleiß und Lust, die
man hierbei angewendet, obgleich das Andenken völlig
verschwunden sein mag, haben nicht wenig zur Ver-
besserung deutscher Operntexte mitgewirkt."

Neben den Werken italienischer Meister wurden
die Opern Mozarts aufgeführt, Goethe sah in den
letzteren sein Ideal von der Oper verwirklicht, und war
bis an sein Lebensende in der Bewunderung des
„herrlichen Amadeus" unerschöpflich.

„Eine Erscheinung wie Mozart," ruft er einmal
aus, „bleibt immer ein Wunder, das nicht weiter zu
erklären ist. Doch wie wollte die Gottheit überall

Wunder zu thun, Gelegenheit finden, wenn sie es
nicht zuweilen in außerordentlichen Individuen ver=
suchte, die wir anstaunen und nicht begreifen, woher
sie kommen."

Weimarer Freunde, die Goethe einige Zelter'sche
Compositionen seiner Lieder gebracht hatten, vermittelten
die Bekanntschaft mit einem Manne, der sich beinahe
drei Jahrzehnte hindurch rühmen durfte, der Herzens=
freund unseres größten Dichters zu sein. Carl Fried=
rich Zelter (geboren 1758 zu Berlin) hatte es vom
schlichten Maurermeister zum Dirigenten der Sing=
akademie und Professor der Musik gebracht. Seine
Compositionen, mehr noch seine eminente Strebsamkeit
und derbe Biederkeit hatten ihm in weiten Kreisen eine
große Beliebtheit verschafft: mit dem Stolz und mit
der Sicherheit eines Mannes, der sich selber Alles ver=
dankt, wußte er in seinen geschäftlichen und künstleri=
schen Unternehmungen durchzudringen und seine Eigen=
art war jedenfalls bedeutend genug, einen Goethe
zu fesseln. Der Briefwechsel zwischen Goethe und
Zelter, den Riemer herausgegeben hat, enthält einer=
seits eine Fülle interessanten Materials zur Charak=
teristik des Dichters, andrerseits hebt sich die Gestalt
des alten Zelter in ihrer urwüchsigen Frische daraus
plastisch ab. Die Freundschaft mit Goethe hatte auf
sein Leben einen verklärenden Schimmer geworfen;
während er mit redlichem Fleiße bemüht, war, in den
Geist der Goethe'schen Dichtungen einzudringen und dar=

7*

über nicht selten die naivsten Bemerkungen machte, wußte er das Interesse des Freundes für die Musik rege zu halten und ihn in mancherlei Hinsicht der Ton= kunst näher zu bringen. Goethe hat das oft dankbar anerkannt; dabei war ihm Zelter ein scharfer Beobachter, der ihn über die Vorgänge in der preußischen Haupt= stadt, insbesondere über das Theater unterrichtete.

Zelters musikalischen Standpunkt kennzeichnet sein Urtheil über Beethoven, dessen Bedeutung ihm sehr spät erst klar geworden ist. Goethe hatte Beethoven in Teplitz kennen gelernt, ohne daß eine Annäherung zwischen den beiden Heroen stattgefunden hätte.

„Sein Talent," schreibt Goethe, „hat mich in Er= staunen gesetzt, allein er ist leider eine ganz unge= bändigte Persönlichkeit, die zwar gar nicht Unrecht hat, wenn sie die Welt detestabel findet, aber sie freilich dadurch weder für sich noch für Andere genußreicher macht. Sehr zu entschuldigen ist er hingegen und sehr zu bedauern, da ihn sein Gehör verläßt, das vielleicht dem musikalischen Theil seines Wesens weniger als dem geselligen schadet. Er, der ohnehin lakonischer Natur ist, wird es nun doppelt durch seinen Mangel."

Zelter antwortet: „Was Sie von Beethoven sagen, ist ganz natürlich. Auch ich bewundere ihn mit Schrecken. Seine eigenen Werke scheinen ihm heimliches Grauen zu verursachen: eine Empfindung, die in der neuen Cultur viel zu leichtsinnig beseitigt wird. Mir schei= nen seine Werke wie Kinder, deren Vater ein Weib,

deren Mutter ein Mann wäre. Das letzte mir bekannt
gewordene Werk (Christus am Oelberge) kommt mir
vor wie eine Unkeuschheit, deren Grund und Ziel ein
ewiger Tod ist. Die musikalischen Kritiker, die sich auf
Alles besser zu verstehen scheinen, als auf Naturell und
Eigenthümlichkeit, haben sich auf die seltsamste Weise
in Lob und Tadel über diesen Componisten ergossen.
Ich kenne musikalische Personen, die sich sonst bei An-
hörung seiner Werke allarmirt, ja indignirt fanden und
nun von einer Leidenschaft dafür ergriffen sind, wie
die Anhänger der griechischen Liebe. Wie wohl man
sich dabei befinden kann, läßt sich begreifen, und was
daraus entstehen kann, haben Sie in den Wahlverwandtschaften deutlich genug gezeigt."

Glücklicherweise dreht sich die Erde noch um ihre
Achse, seitdem Beethovens Compositionen erschienen sind,
und Zelters Prophezeiungen von Weltbrand und Revolution sind nicht in Erfüllung gegangen. Wir dürfen es
billig beklagen, daß zwei so gewaltige Meister wie Beethoven
und Goethe, deren Verbindung für die Kunst von emi-
nenter Bedeutung sein konnte, sich zeitlebens einander
fremd gegenüber gestanden haben.

Zelters Compositionen sind sehr harmloser Natur
gewesen, dabei war er nicht im Entferntesten so produktiv
wie Reichardt. Mit der Walpurgisnacht, die ihm Goethe
zur Composition schickte, konnte er sich nicht recht
befreunden, das Liedchen aus Egmont: "Freudvoll
und leidvoll" wollte ihm nicht glücken: wer dächte da-

bei nicht unwillkürlich an die unvergänglichen Werke Mendelssohns und Beethovens!

Eine Unterhaltung Goethes mit dem Musiker Johann Christian Lobe (1820) zeigt, daß es dem Musiker von Fach unmöglich war, den Dichter von der geringen Bedeutung der Zelter'schen Compositionen zu überzeugen. „Ich kenne von Zelter," bemerkte Lobe im Laufe des Gespräches, „nur seine Liedercompositionen; in der geistigen Auffassung erscheinen sie mir bedeutend und treffend ausgedrückt, aber ihre Form ist antiquirt. Unsere Musiksprache ist seit Haydn und Mozart eine blühendere, sprechendere und anmuthigere geworden. Die Melodie ist bei Zelter immer charakteristisch declamirt, accentuirt und rhythmisirt, aber seine Tonfiguren sind jetzt veraltet. Dies fällt bei einfachen Singmelodien, die sich besonders dem Volkston nahe halten, nicht auf, aber es tritt stark hervor beim Accompagnement. Das Zelter'sche ist selten etwas mehr, als die nöthige Erfüllung der Harmonie und die Ergänzung und Ausgleichung des rhythmischen Flusses. Die Neueren haben es in ihren besseren Werken zur Mitsprache des Gefühls erhoben. Wenn Sie den Versuch machen wollen, Baß und Mittelstimme manches Zelter'schen Liedes ohne die Melodie spielen zu lassen, so werden Sie kaum etwas von einer mit dem Gefühl sympathisirenden Regung vernehmen; dasselbe Experiment mit einem Mozart'schen, Weber'schen, Beethoven'schen Liede angestellt, zeigt etwas anders: da fühlt man oft

schon Leben und Regung des bezüglichen Gefühls auch
ohne die Melodie, und doch ist dieses erst ein Lallen.
Die Musik wird hoffentlich dahin gelangen, daß jede
Nebenstimme einen Beitrag, sei er auch gering, zu dem
Ausdrucke des Gefühls liefert." Nach diesen Worten
Lobes öffnete Goethe den Flügel und sagte: „Machen
Sie mir das vorgeschlagene Experiment gleich selbst!
Was man deducirt, muß man, wenn's wahr und klar
ist, auch durch Thatsachen erhärten können." Lobe spielte
zuerst das Accompagnement eines Zelter'schen Liedes,
alsdann das zu Klärchens Lied „Trommeln und
Pfeifen" aus Egmont. „Gut," sagte Goethe, „die Welt
bleibt nun einmal nicht stillstehen, wenn uns ihr Weiter-
schreiten auch zuweilen aus der Gewohnheit reißt und
uns unbequem wird; denn ich will Ihnen nicht ver-
hehlen, daß mich Ihre Beispiele nicht so getroffen haben,
als ich von Ihrem neuen Princip erwartete, das auch
gelten mag, wenn es die Musik überhaupt erfüllen kann.
Aber darin liegt für Euch Jüngere eben der gefährliche
Dämon: Ihr seid schnell fertig mit der Creirung
neuer Ideale und wie steht's mit der Ausführung?
Ihre Forderung, daß jede Stimme etwas sagen soll,
klingt ganz gut, ja man sollte meinen, sie müßte schon
längst jedem Componisten bekannt gewesen und von ihm
ausgeübt worden sein, da sie dem Verstande so nahe
liegt; aber ob das musikalische Kunstwerk die Durch-
führung dieses Grundsatzes vertragen könne und ob
dadurch nicht andere Nachtheile für den Genuß an der

Musik entstehen, das ist eine andere Frage, und Sie werden wohl thun, wenn Sie dieselbe fleißig nicht blos durchdenken, sondern durchexperimentiren. Es giebt Schwächen in allen Künsten der Idee nach, die aber in der Praxis beibehalten werden müssen, weil man durch Beseitigung derselben der Natur zu nahe kommt und die Kunst unkünstlerisch wird."

Unter Leitung Eberweins, eines tüchtigen Musikers, der später Weimarischer Hofcapellmeister wurde, gründete Goethe eine Hauscapelle, die ihm manchen Genuß verschaffte.

„Die Uebungen der freiwilligen Hauscapelle," meldet er, „wurden regelmäßig fortgesetzt. Donnerstag Abend Probe vor einigen Freunden gehalten; Sonntags früh Aufführung vor großer Gesellschaft. Aeltere und jüngere Theatersänger, Choristen und Liebhaber nahmen Theil; Eberwein dirigirte meisterhaft. Mehrstimmige Sachen von Zelter und anderen italienischen Größen wurden in's Leben geführt und ihr Andenken gegründet, Vergnügen und Nutzen, Anwendung und Fortschreiten in Eins verbunden."

„Dadurch, daß die Probe von der Ausführung vollkommen getrennt blieb, ward das dilettantische Pfuschen völlig entfernt, das gewöhnlich erst im Augenblick der Aufführung noch probirt, ja bis in den letzten Augenblick unausgemacht läßt, was denn eigentlich aufgeführt werden kann und soll. Die Donnerstage waren kritisch und didaktisch, die Sonntage für Jeden empfänglich und genußreich."

Goethe's Briefe an Zelter aus dieser Zeit bekunden, welch lebhaftes Interesse er an den Aufführungen seiner Hauscapelle nahm, Zelter sandte Compositionen und war gewissenhaft bemüht, den Freund in der Musik mit Rath und That weiter zu fördern.

Aber schon 1811 drohte die Hauscapelle auseinander zu gehen, „es hatten sich," hören wir in den Annalen, „gewisse Wahlverwandtschaften eingefunden, die mir sogleich gefährlich schienen, ohne, daß ich ihren Einfluß hätte hindern können".

Nun stand Goethe Jahre hindurch dem Musikleben Weimars fern, er hörte zwar vorübergehend den Geigenkönig Paganini und den berühmten Sänger Brizzi, aber erst Hummel, der 1820 als Hofcapellmeister nach Weimar berufen worden war, brachte ihm neue, erfreuliche, musikalische Anregung. Wie wohl er die ausgezeichneten Leistungen dieses trefflichen Virtuosen und Componisten zu würdigen mußte, sagt uns ein Vergleich, den er einmal zwischen Napoleon und Hummel angestellt hat: „Napoleon behandelt die Welt, wie Hummel seinen Flügel, beides erscheint uns wunderbar, wir begreifen das Eine so wenig wie das Andere, und doch ist es so und geschieht vor unseren Augen. Napoleon war immer in seinem Element und jedem Augenblick und jedem Zustande gewachsen, sowie es Hummel gleichviel ist, ob er ein Adagio oder ein Allegro, ob er im Baß oder im Discant spielt. Das ist die Facilität, die sich überall findet, wo ein wirkliches Talent vor-

handen ist, in Künsten des Friedens wie des Kriegs, am
Clavier wie hinter den Kanonen."

Ein musikalisches Ereigniß seiner letzten Lebens=
jahre war Goethe der Besuch Felix Mendelssohn=
Bartholdy's, Zelters Schüler. Stundenlang lauschte
der Altmeister dem Clavierspiel des „kleinen Mannes"
und ward nicht müde, sein herrliches Talent zu be=
wundern. Felix mußte seinen Besuch öfters wieder=
holen, und dem herangereiften Künstler wurde das
seltene Glück zu Theil, den Lebensabend unseres größten
Dichters mit seiner Kunst zu verschönen.

Aus dem Schatz denkwürdiger Worte über die
Musik, den Goethe uns hinterlassen hat, verdient an
erster Stelle die musikalische Erziehungsmethode in
„Wilhelm Meisters Wanderjahren" genannt zu werden.
Auf die wunderlichste Weise wird eine kleine Völker=
schaft von Kindern herangebildet. „Bei uns," sagen die
Vorsteher der Erziehungsanstalt, „ist der Gesang die
erste Stufe der Ausbildung; alles Andere schließt sich
daran und wird dadurch vermittelt. Der einfachste
Genuß, sowie die einfachste Lehre werden bei uns durch
Gesang belebt und eingeprägt, ja selbst was wir über=
liefern von Glaubens= und Sittenbekenntnis wird auf
dem Wege des Gesanges mitgetheilt. Wir haben die Musik
unter allem Denkbaren zum Element unserer Erziehung
gewählt, denn von ihr laufen gleichbebahnte Wege nach
allen Seiten." Die Instrumentalmusik wird nicht
minder in der Anstalt gepflegt, aber die Anfänger sind

verurtheilt, an entfernten Orten ihren Uebungen ob-
zuliegen, „denn Ihr werdet gestehen, daß in der
wohleingerichteten, bürgerlichen Gesellschaft kaum ein
traurigeres Leiden zu dulden sei, als daß uns die
Nachbarschaft einen angehenden Flöten- oder Violinspieler aufdringt."

Wilhelm Meister wird zum Bezirk der Instrumental
musik geleitet. „Dieser, an die Ebene grenzend, zeigte
schon freundlich und zierlich abwechselnde Thäler, kleine
schlanke Wälder, sanfte Bäche, an deren Seite hier und
da ein bemooster Fels hervortrat. Zerstreute, umbuschte
Wohnungen erblickte man auf den Hügeln, in sanften
Gründen drängten sich die Häuser näher aneinander.
Jene anmuthig vereinzelten Hütten lagen so weit aus=
einander, daß weder Töne noch Mißtöne sich wechsel=
seitig erreichen konnten. Sie näherten sich sodann einem
weiten, ringsumbauten und umschatteten Raume, wo
Mann an Mann gedrängt mit großer Aufmerksamkeit
und Erwartung gespannt schienen. Eben als der Gast
hereintrat, ward eine mächtige Symphonie aller In=
strumente aufgeführt, deren vollständige Kraft und Zart=
heit er bewundern mußte. Dem geräumig erbauten
Orchester stand ein kleineres zur Seite, welches zu be=
sonderer Betrachtung Anlaß gab. Auf demselben be=
fanden sich jüngere und ältere Schüler; jeder hielt sein
Instrument bereit, ohne zu spielen; es waren Diejenigen,
die noch nicht vermochten oder noch nicht wagten, in's
Ganze zu greifen. Mit Antheil bemerkte man, wie sie

gleichsam auf dem Sprunge standen und hörte rühmen:
ein solches Fest gehe selten vorüber, ohne daß ein oder
das andere Talent sich plötzlich entwickle." Da nun
der Gesang sich zwischen den Instrumenten hervorthat,
konnte kein Zweifel übrig bleiben, daß auch dieser be=
günstigt werde. Auf eine Frage sodann, was noch sonst
für Bildung sich hier freundlich anschließe, vernahm der
Wanderer: „Die Dichtkunst sei es und zwar von der
lyrischen Seite. Hier komme Alles darauf an, daß
beide Künste, jede für sich und aus sich selbst, dann aber
gegen und miteinander entwickelt werden. Die Schüler
lernen eine wie die andere in ihrer Bedingtheit kennen;
sodann wird gelehrt, wie sie sich wechselweise bedingen
und wieder wechselseitig befreien. Der poetischen Rhythmik
stellt der Tonkünstler Takteinteilung und Taktbewegung
entgegen. Hier zeigt sich aber bald die Herrschaft der
Musik über die Poesie. Denn wenn diese wie billig
und nothwendig, ihre Quantitäten immer so rein als
möglich im Sinne hat, so sind für den Musiker wenig
Silben entschieden lang oder kurz; nach Belieben zer=
stört dieser das gewissenhafteste Verfahren des Rhyth=
mikers, ja verwandelt sogar Prosa in Gesang, wo dann
die wunderbarsten Möglichkeiten hervortreten, und der
Poet würde sich gar bald vernichtet fühlen, wüßte er
nicht von seiner Seite durch lyrische Zartheit und Kühn=
heit dem Musiker Ehrfurcht einzuflößen, und neue Ge=
fühle, bald in sanftester Folge, bald durch die raschesten
Uebergänge, hervorzurufen." Wilhelm Meister fragt,

warum die Wohnungen der Musiker keineswegs so schön
und geräumig wie diejenigen der Maler, Bildhauer und
Baumeister errichtet seien. „Der Musiker," lautet die
Antwort, „muß immer in sich selber gekehrt sein, sein
Innerstes auszubilden, um es nach außen zu wenden.
Dem Sinne des Auges hat er nicht zu schmeicheln.
Das Auge bevortheilt gar leicht das Ohr und lockt den
Geist von innen nach außen." An die musikalische
Pädagogie knüpft Goethe einige allgemeine Bemerkungen:
„Musik im besten Sinne bedarf weniger der Neuheit,
ja vielmehr, je älter sie ist, je gewohnter man sie ist,
desto mehr wirkt sie. Die Würde der Kunst erscheint
bei der Musik vielleicht am eminentesten, weil sie keinen
Stoff hat, der abgerechnet werden müßte. Sie ist ganz
Form und Gehalt und erhöht und veredelt Alles, was
sie ausdrückt. Die Musik ist heilig oder profan. Das
Heiligste ist ihrer Würde ganz gemäß und hier hat sie
die größte Wirkung auf das Leben, welche sich durch alle
Zeiten und Epochen gleich bleibt. Die Profane sollte
durchaus heiter sein. Eine Musik, die den heiligen und
profanen Charakter vermischt, ist gottlos, und eine
halbschürige, welche schwache, jammervolle, erbärmliche
Empfindungen auszudrücken Belieben findet, ist abgeschmackt. Denn sie ist nicht ernst genug um heilig zu
sein und es fehlt ihr der Hauptcharakter des Entgegengesetzten: „Die Heiterkeit." Heiter in diesem Sinne
darf die Musik Mozarts genannt werden, obgleich sie
alle Register der Leidenschaft durchläuft."

Zur Uebersetzung des Diderot'schen „Rameaus Neffe"
macht Goethe eine geistvolle musikalische Anmerkung: „Aus
der Geschichte der neueren Musik und aus dem Gewirr
parteiischer Kämpfer," heißt es dort, „kann man sich nur
heraushelfen, wenn man die neuere Musik auf zweierlei
Weise behandelt. Entweder, daß man sie als eine selbst-
ständige Kunst betrachtet, sie in sich selbst ausbildet,
ausübt und durch den verfeinerten äußeren Sinn genießt, wie es der Italiener zu thun pflegt, oder daß
man sie in Bezug auf Verstand, Empfindung, Leidenschaft setzt und sie dergestalt bearbeitet, daß sie mehrere
menschliche Geistes- und Seelenkräfte in Anspruch nehmen
könne, wie es die Weise der Franzosen, der Deutschen
und aller Nordländer ist und bleiben wird. Seit einer
sorgfältigen Ausbildung der Musik in mehreren Ländern
mußte sich diese Trennung zeigen und sie besteht bis auf
den heutigen Tag. Der Italiener wird sich der lieb-
lichsten Harmonie, der gefälligsten Melodie befleißigen,
er wird sich an dem Zusammenklang, an der Bewegung
als solchen ergötzen, er wird des Sängers Kehle zu
Rathe ziehen und das, was dieser an gehaltenen oder
schnell auf einander folgenden Tönen und deren mannig-
faltigsten Vortrag leisten kann, auf die glücklichste Weise
hervorheben und so das gebildete Ohr seiner Landsleute
entzücken. Er wird aber auch dem Vorwurf nicht
entgehen, seinem Text, da er zum Gesang doch einen
Text haben muß, keineswegs genug gethan zu haben.
Die andere Partei hingegen hat mehr oder weniger den

Sinn, die Empfindung, die Leidenschaft, welche der
Dichter ausdrückt, vor Augen; mit ihm zu wetteifern,
hält sie für Pflicht. Seltsame Harmonien, unterbrochene
Melodien, gewaltsame Abweichungen und Uebergänge
sucht man auf, um den Schrei des Entzückens, der
Angst und der Verzweiflung auszudrücken. Solche
Componisten werden bei Empfindenden, bei Verständigen
ihr Glück machen, aber dem Vorwurf des beleidigten
Ohres, insofern es für sich genießen will, ohne an seinem
Genuß Kopf und Herz theilnehmen zu lassen, schwerlich
entgehen. Vielleicht läßt sich kein Componist nennen,
dem in seinen Werken durchaus die Vereinigung beider
Eigenschaften gelungen wäre, doch ist es keine Frage,
daß sie sich in den besten Arbeiten der besten Meister
finde und nothwendig finden müsse." Der Anmerkung
geht eine kurze, aber treffliche Charakteristik Lulli's voraus. Scheint Goethe hier den Operncomponisten jeder
Richtung — denn nur auf die Oper beziehen sich seine
Worte — die Berechtigung ihrer Kunstbehandlung zu-
zuerkennen, so spricht er sich dagegen gelegentlich einer
Aufführung des Moses von Rossini mit Entschiedenheit
gegen den alten Opern= Kling=Klang aus:

„Ich begreife euch nicht, ihr guten Kinder, wie
ihr Sujet und Musik trennen und jedes für sich genießen könnt. Ihr sagt, das Sujet tauge nicht, aber
ihr hättet es ignorirt und euch an der trefflichen Musik
erfreut. Ich bewundere wirklich die Einrichtung eurer
Natur, und wie eure Ohren im Stande sind, anmuthigen

Tönen zu lauschen, während der gewaltigste Sinn, das
Auge, von den absurdesten Gegenständen geplagt wird…
Aber soviel ist gewiß, daß ich eine Oper nur dann mit
Freuden genießen kann, wenn das Sujet ebenso voll=
kommen ist, wie die Musik, so daß beide untereinander
gleichen Schritt gehen."

Der Dichter hat hier klar und deutlich verkündet,
was Richard Wagner in seinen Musikdramen verwirk=
licht hat.

Goethe ist in des Wortes eigentlicher Bedeutung
nicht musikalisch gewesen,*) dagegen hatte er ein sehr
stark ausgeprägtes, natürliches und dichterisches Gefühl
für die Musik. So eng er sich auch mit der bildenden
Kunst verbunden fühlte, sah er sich doch mit der ganzen
Macht seines lyrischen Empfindens zur Musik hin=
gedrängt und all' seine herrlichen Lieder und Balladen,
die uns lieb und vertraut geworden sind, tönen Harmonie
und Gesang. Auf seiner langen, bewegten Lebensfahrt

---

*) Gelegentlich der Goethe=Versammlung zu Weimar im
Mai 1890 theilte Geheimerath Ruland mit, daß sich im Goethe=
Hause ein Schrank Musikalien vorgefunden habe. Derselbe enthalte
unter Anderem eine Sammlung italienischer Opern= und Kirchen=
musik, die Goethe von dem Leipziger Capellmeister Schlicht an=
gekauft hatte, dann Harmoniestudien, eigenhändig von Goethe
niedergeschrieben, endlich eine von ihm selbst unternommene Be=
arbeitung der G-moll=Orgelfuge von Bach für Streichquartett.
Nach genauer Prüfung und Sichtung dieses musikalischen Nach=
lasses wird für Goethe's Verhältniß zur Musik ohne Zweifel neues
und werthvolles Material gewonnen werden.

hat er den Zauber der Musik wunderthätig auf sich wirken lassen, es war der Hochklang edler Begeisterung, als er sang:

Die Leidenschaft bringt Leiden! — Wer beschwichtigt
Beklommenes Herz, das allzuviel verloren?
Wo sind die Stunden, überschnell verflüchtigt?
Vergebens war das Schönste, dir erkoren!
Trüb ist der Geist, verworren das Beginnen;
Die hehre Welt, wie schwindet sie den Sinnen!

Da schwebt hervor Musik mit Engelschwingen,
Verflicht zu Millionen Tön' um Töne,
Des Menschen Wesen durch und durch zu dringen,
Zu überfüllen ihn mit ew'ger Schöne:
Das Auge netzt sich, fühlt im höhern Sehnen,
Den Götter-Werth der Töne wie der Thränen.

Und so das Herz erleichtert merkt behende,
Daß es noch lebt und schlägt und möchte schlagen
Zum reinsten Dank der überreichen Spende
Sich selbst erwiedernd willig darzutragen.
Da fühlte sich — o daß es ewig bliebe! —
Das Doppel-Glück der Töne wie der Liebe.

Bock, Deutsche Dichter.

Herder

Herder.

Die dürftigen Verhältnisse des ostpreußischen Städtchens Mohrungen, in welchen der junge Herder emporwuchs, waren für seine Schulbildung bestimmend. Rector Grimm ertheilte ihm den ersten Musikunterricht. Die ungewöhnliche musikalische Begabung seines Schülers erkennend, zeigte er ihm die Anfangsgründe des Generalbasses und der Harmonielehre, wobei er das musikalische Interesse des Knaben noch durch mancherlei Uebungen rege zu erhalten wußte.

„Schon in seiner Kindheit," berichtet Caroline von Herder, „waren Musik und Gesang sein fröhlichster Genuß. Er lernte das Clavier in der Schule in Gesellschaft einer Menge Schüler und diese hatten ein einziges, kleines, armseliges Instrument, welches sie jedesmal aus einer Schulstube in die andere schleppen mußten. Wie wenig Unterricht konnte bei einer solchen Menge an den Einzelnen kommen! Und doch hatte er vom Generalbaß und der Harmonie gründliche Kenntnisse. Vorzüglich liebte er die einfachen und erhabenen

Töne der Kirchenmusik, und wohl hatte auch hierin
sein von vielen so verkannter Rector das erste Verdienst,
da er sich, wahrscheinlich aus Neigung und Liebhaberei
auch des Unterrichts im reinen Kirchengesang bei seinen
Schülern bestens annahm und Herders angeborenes
Gefühl für Musik richtig lenkte."

Aus dem engen Kreise der Kleinstadt führte ein
glücklicher Zufall den aufstrebenden Jüngling in die
große Welt hinaus. Er verweilte längere Zeit in
Petersburg, besuchte die Universität zu Königsberg und
erhielt bald nach Beendigung seiner Studien einen Ruf
als Collaborator an die Domschule nach Riga.

„Concerte," schrieb ihm Hamann, „pflegen in Riga
ein Schlüssel zum Umgange zu sein. Sollte Ihr Genie
zur Musik für Riga nicht brauchbarer sein als Ihre
archäologische Muse?"

Im Hause seines Freundes und Verlegers Hart=
knoch fand er die mannigfachste musikalische Anregung;
die musikalischen Abende, welche Hartknoch und seine
Frau veranstalteten, waren dem Dichter reinste Genüsse.
„Ich halte mich überhaupt," schreibt er Scheffner in
Königsberg, „mit Vergnügen auf dem Rain zwischen
Musik und Poesie auf . . . . Und wer hat Poesie und
Musik zusammengehalten mit einem philosophischen und
ästhetischen Kopf? . . . . Hier lebe noch ein Lessing
auf, der uns einen Plato über die Grenzen der Musik
und Poesie gebe."

Im zwölften Stück der „Riga'schen gelehrten Bei=

träge" veröffentlichte er eine Pfingstcantate, die er mit
einer Huldigung an den feinen Geschmack der Rigenser
der Gunst des Publikums empfahl.

So glücklich alle Umstände zusammengewirkt hatten,
Herder dauernd an Riga zu fesseln, so beschloß er
dennoch nach einigen Jahren, sein Amt niederzulegen
und um seiner Vervollkommnung willen eine größere
Reise anzutreten.

1769 weilt er in Paris. „Ich habe gesucht,"
schreibt er, „Bücher, Menschen, Declamation und Schau=
spiel, Tänze und Malereien, Musik und Publikum zu
studiren." Die Oper erregt sein höchstes Mißfallen.

„O eine neu zu schaffende deutsche Oper!" bemerkt
er in sein Reisejournal, „auf menschlichem Grunde und
Boden, mit menschlicher Declamation und Verzierung,
aber mit Empfindung! Der Plan der Oper muß ein=
fach sein: keine Verkleidung, keine Verwicklung, — keine
Geschichte und Novelle von Romanen, keine Handlung,
die das Auge auch ohne Ohr nicht sehen, erkennen,
übersehen, verfolgen, beurteilen könnte. Der Taube
muß die Oper verstehen können! Tiefe Allegorie und
tiefe Geschichte werden gleich ausgeschlossen, und die
Frage fällt weg, die beide unterscheidet. Der Plan
muß Empfindung sein: nur diese spricht durch Mienen,
nur sie sind durch Lieder unverständlich. Nichts also
als menschliche Scenen, alle Malereien durch Worte
fallen weg."

Nach Paris erging an den Dichter die ehrenvolle

Aufforderung, den Prinzen Peter von Holstein auf dessen Reisen zu begleiten. In Eutin holte er den fürstlichen Herrn ab und folgte ihm nach Darmstadt, wo ihm ein freundliches Geschick Caroline Flachsland, die treue Gefährtin seines Lebens, entgegenführte. Die Liebenden wechselten häufig Briefe mit einander, da ruft Herder dem geliebten Mädchen von Straßburg zu: „Sie sind eine so tiefe Liebhaberin von der Musik; ich bin's bis zum Unaussprechlichen. Nur bin ich so sehr versäumt; ich bin früh in schlechte Hände gefallen, ich bin bald in so verwickelnde Geschäfte gerathen, und dann endlich, ich bin so flüchtig und ungeduldig bei Allem, was viele lange mechanische Uebung fordert, daß ich, bei der empfindlichsten Seele die ungeschicktesten Hände zum Clavier habe. Die Musik ist für empfindliche Herzen und feine Seelen ein so unentbehrliches Vergnügen: die Gedanken des bloßen Kopfes ermatten so leicht, die Sprache des bloßen Mundes wird hier und da so unkräftig, daß ein Saitenspiel mit einem Liede beseelt, gewiß in die Oekonomie eines glücklichen Lebens als tägliches Hausgeräthe gehört."

Der Wunsch, mit dem Mädchen seiner Wahl ein Heim zu gründen, bestimmte Herder, sein unruhiges Wanderleben aufzugeben und die Stelle eines Consistorialrathes des Grafen zu Bückeburg in der gleichnamigen kleinen Residenzstadt anzunehmen. Der Graf war durchaus musikalisch gebildet, er unterhielt ein eigenes Orchester unter Leitung des Capellmeisters Christoph

Bach*), der, mit Herder innig befreundet, eine Reihe seiner Cantaten componirte. Von Bückeburg meldet der Dichter: „Ich bin morgen wieder vom Herrn Grafen, der außerordentlich viel Rücksicht auf mich hat, auf das stabat mater von Pergolese invitirt, worüber ich mich mehr als auf alle Freudenbezeugungen freue!" und nach der Aufführung: „Pergoleses stabat mater hat mich sehr gerührt: noch mehr aber eine andere Arie von Pergolese aus einer Oper, die mir noch immer in der Seele weint; o, warum kann ich Ihnen nicht Ton und Empfindung ganz herzaubern!"

In diese Zeit fiel die Entstehung des „Brutus", „ein Drama zur Musik". „Das Gedicht," erläuterte Herder, „soll nur sein, was die Unterschrift am Ge= mälde oder an der Bildsäule ist, Erklärung, Leitung des Stroms der Musik durch zwischengestreute Worte. Es soll nicht gelesen, es soll gehört werden; die Worte sollen nur den rührenden Körper der Musik beleben und diese soll sprechen, handeln, rühren, fortsprechen, nur dem Geiste und dem Umriß des Dichters folgen." Auf Riedels Veranlassung schickte Herder am 5. No= vember 1774 den „Brutus" an Gluck, der sich indessen zur Composition nicht angeregt fühlte. Der Graf von Bückeburg übergab nun seinem Capellmeister Bach die Oper, mit dessen Musik sie in Bückeburg über die Bühne ging.

---

*) Christoph Friedrich Bach, Sohn Sebastian Bachs.

Fünf Jahre später begegnen wir Herder in Weimar, wohin er durch Goethes Vermittlung als Generalsuperintendent berufen war, im Verkehr mit den vornehmsten Geistern seiner Zeit, auf der Höhe seines Wirkens und Schaffens. Auch hier bekundete er wiederum ein lebhaftes Interesse für die Musik. Obgleich ihm der Chor der Oper nur selten zur Verfügung stand, brachte er dennoch unter Leitung des tüchtigen Capellmeisters Wolf die erste Aufführung des Händel'schen Messias in Weimar zu Stande, wozu er eigens mit großem Geschicke den englischen Text übersetzt und der Musik angepaßt hatte.

Sein Haus war allen Musikern geöffnet, Veit und Siegmund von Seckendorf, zwei feine Musikkenner, waren bei ihm gern gesehene Gäste, der letztere hatte eine große Anzahl Herder'scher Lieder componirt.

Einen unerschöpflichen Reichthum von Gedanken über die Musik hat Herder in seinen Schriften niedergelegt. Die Grundzüge seiner musikalischen Aesthetik finden sich in der Kalligone. 1785 bereits hatte er die Abhandlung veröffentlicht: „Ob Malerei oder Tonkunst eine größere Wirkung gewähre?" „Vater Apollo saß unter seinem geliebten Lorbeerbaum und hatte die jüngste und liebste seiner Töchter, die Poesie, im Schooß. Ihre beiden älteren Schwestern saßen zur Rechten und Linken vor ihr und stritten über die Frage: ‚welche von ihren Künsten, ob Malerei oder Tonkunst, die meiste Wirkung auf menschliche Seelen habe'. Die Malerei

rühmt sich der bestimmtesten, klarsten und dauerndsten
Wirkungen, die Töne der Schwester redeten die ver=
worrenste Sprache der Halbempfindungen. Die Ton=
kunst entgegnet: ‚Glaubst Du, meine Schwester, der
Klumpen von Farben, der auf der Palette liegt, könne
mit der Natur· wetteifern? geschweige, daß er ihre all=
mählige Fülle und Wahrheit übertreffen sollte? Im
Gewühl Deiner Farben und Gestalten verirrt sich die
edle Menschennatur nie und hat gar noch etwas nöthig,
was über alle Erdgestalten hinausgeht, um sich nur
einigermaßen gegen das leere Wiederkommen derselben
zu sichern. Bei mir hat sie dies nicht nöthig: meinen
Empfindungen bleibt jede Erdennatur unendlich nach
und sie wird von Stufe zu Stufe steigen, ehe sie das
Tongebäude der allgemeinen Vollkommenheit nur in
einigem Umfange, mit einiger Fortdauer seiner ewig
steigenden Melodie empfindet.‘ Apollo sucht vergeblich
den Streit zu schlichten: ‚Alle Formen und Gestalten,
so rein und ausstudirt sie sein mögen, thun nichts bei
Dir, Malerei, wenn keine Seele, kein himmlischer Geist
sie belebt. Auch in jede Deiner Compositionen muß
dieser Geist gehaucht sein und das Ganze zu Einem
bilden, sonst steht Alles, so treu und künstlich es nach=
geahmt sein möge, nur arm und todt da.‘ Endlich über=
nimmt die Poesie das Schiedsrichteramt. ‚Du, Malerei,
wirkst mehr auf die Phantasie als auf das Herz, aber
die Phantasie kann auch zum Herzen kommen und
wenn sie nicht dahin reicht, ist sie gemeiniglich desto

näher dem Verstande. Also sind Deine Darstellungen
klarer, aber wie Du, Tonkunst, meinst, auch kälter. Das
ist der Malerei keine Schande, sondern mag eben ihr
Vortheil werden: denn Richtigkeit und Wahrheit sind die
Hauptmittel ihrer Wirkung, die sie mit Schönheit und
Annehmlichkeit nur bekleidet. — Du, Tonkunst, bist mir
mehr, als mir die Malerei sein kann, denn wie Du
recht gesagt hast, bist Du der harmonische Grund und
die melodische Begleiterin Aller, selbst der malerischen
Schönheit. Du wirst mir aber zugeben, daß ohne
meine Worte, ohne Gesang, Tanz und andere Hand=
lungen, für Menschen Deine Empfindungen immer im
Dunkeln bleiben. — Seitdem wir uns von einander ge=
trennt haben, sind unsere Künste tausendmal feiner ge=
worden, die Grenzen von Allem in ihnen sind sorg=
fältiger geschieden, die Regeln stehen bestimmt da, wie
Scylla und Charybdis oder wie die Säulen des Her=
kules, über die nicht hinauszuschiffen war: wo ist aber
anjetzt unsere Wirkung auf der Erde, in dem Maß,
wie sie die Alten priesen? Ich werde gelesen, Du wirst
gehört, bei mir tadelt und gähnt man, bei Dir spielt
oder plaudert man und zuletzt schläft man bei uns
Beiden ein. Und käme man nicht wieder zu dieser alten
und großen Wirkung, meine Schwester, wenn Deine
Kunst sich mit der meinigen näher zusammenfände?'
Die Poesie willigt mit Freuden in den Bund: ‚Der
Tonkünstler dichtet, wenn er spielt, so wie der ächte
Dichter singt, wenn er dichtet.' Während sich die Ton=

kunst und die Poesie in die Arme sinken, haben sie die Malerei ganz vergessen. Da erhebt der Vater Apoll seine Stimme: ‚Ihr seid Beide meine Töchter, Du, Malerei, die Zeichnerin für den Verstand, Du, Tonkunst, die Sprecherin zum Herzen und Du, meine liebe jugend= liche Dichtkunst, Du die Schülerin und Lehrerin Beider.‘ Sie umarmen sich Alle, Apollo krönt sie mit seinen unsterblichen Lorbeerkränzen, und Hebe bietet ihnen auf ihr langes Gespräch die erquickende Nectarschale.“

Im musikalischen Magazin erschien Herders Dich= tung „Die Tonkunst, eine Rhapsodie“. Der erste, schönere und schwungvollere Teil möge hier Platz finden.

„Die Du droben den Reihen der Sterne
Und der Unsterblichen führst,
In ewig=jungem schwebenden Jubeltanz
Nah und näher hinan des Allvollkommenen Thron;
Und tief hienieden im Erdenthal
Unter des Himmels heiligem Blau
In leisen Tönen, im verlornen Laut
Der Ahnung, unser Herz
In die Chöre der Himmel erhebst:
Ewige Harmonie!
Kling' in meine Saiten.
Heilige Harmonie!
Kling' in meine Seele.
Sie fühlt Dich, sie will, sie wird Dich fühlen.
Des Wohllauts ewige Kette zieht
Auch meinen Geist. Es wallt mein Herz
Im Strome der Melodie zum hallenden Ocean
Der Allvollkommenheit.
Wach auf in mir, Du leiser Himmelston,
Der meine Seele ward.
Aus keiner Engelsharf entquollest Du. Dich hauchte

Der Ewige selbst mir ein.
Und bist mir Ewigkeit,
Bist Gottes=Gefühl in mir, der unendlichen Harmonie
Vorahnende Verkünderin.
Wenn einst mein Geist
Vom Erdenstaube sich hebt empor
Und seiner Fesseln sanft sich windet los,
Zu Hülfe komm' ihm dann Du heil'ger Strom,
Von Tönen andrer Welt,
Umström' ihn ganz, und trag ihn sanft hinüber."

Der 1793 erschienene Aufsatz „Cäcilia" entwickelt Herders Gedanken über die kirchliche Musik. Er fordert, daß der christliche Kirchengesang von Anfang bis zu Ende eines Gottesdienstes oder Festes ein Ganzes sein müsse. Diese Einheit sei in den protestantischen Kirchen ziemlich verschwunden. Die Basis der heiligen Musik ist der Chor. Arien, Duette, Terzette können nicht der Hauptzweck einer Kirchenmusik sein, nur auf dem Wege des Chors gelangt man zu jener Bewegung und Rüh= rung, die diese Musik erfordert. Daß die Chöre von Hymnen und Liedern unterbrochen oder gleichsam auf= genommen, besänftigt oder beflügelt werden, liegt aber= mals in der Natur der Sache. — „Sehen wir nicht daß außer der Kirche die Musik erstaunende Fortschritte gemacht hat, daß durch diese selbst das Ohr des Volks, vieltöniger worden ist und daß wir folglich nicht mehr wie unsere alten Vorfahren leiern und singen können, weil wir nicht mehr wie sie accentuiren, sprechen und leben? Eine Reformation des Kirchengesanges dünkt mich also ein väterliches Erforderniß der Zeit zu sein."

Die Abhandlung „Das Oratorium und die Can=
tate" leitet eine kurze Lebensbeschreibung Händels ein.
„Der Messias, dieses große Stück, auf einfachen bibli=
schen Worten beruhend, ist werth zu dauern, so lang
eine Saite gerührt, so lang ein Instrument angehaucht
wird." Zum Oratorium übergehend sagt Herder: „Das
Oratorium ist eine reine Kunstgattung, vom Ton und
Geberdenstreit sowohl, als von der Oper gesondert. Sein
Vorbild ist der reine griechische Chor, oder der Psalm
und Hymnus. Ein viel in sich fassendes Vorbild.
Hoch wie der Himmel der Phantasie, tief und breit
und wellenreich wie das Meer der Empfindung, zugleich
auch ein Land voll Thäler und Höhen, voll Mondes=
berge und Mondesgrüfte, ist sie. Die lyrische Com=
position begreift alles in sich, was Gesang und Töne
ausdrücken können, ohne Geberdung. Durch diese
Trennung von der Geberde wird ihr freies Reich ge=
öffnet; denn soviel ausdrückend die theatralische De=
clamation sein mag, so weiß man doch, wieviel sie auch
ausschließt. Da in ihm Alles der Action angemessen
werden muß: so gebietet diese. Und mit ihr gebieten
die Töne; unter beider Herrschaft müssen die Worte
sich fügen. Wie nun? Hat die Musik sich ein eigenes,
freies Feld in Ouvertüren, Sonaten rc. eröffnen dürfen,
wo sie, unbehindert von jeder anderen Kunst, ihre Flügel
ausbreitet und oft den höchsten, wildesten Flug nimmt,
warum sollten Poesie und Musik, zwei Schwestern, sich
nicht auch gesellen, um gemeinschaftlich, ohne Rücksicht

des Zwanges einer dritten Kunst, ihre Kräfte zu üben?
So wird das Oratorium, die Cantate. Es kommt vom
Himmel ohne zerstreuenden, das Auge fesselnden Theater-
schmuck, verhüllt gleichsam wie eine Vestale. Oder viel-
mehr, unsichtbar fließen nach und nach Stimmen und
Töne in uns're Seele, vom zartesten Tropfen bis zum
vollsten Strom, an keinen Faden gereiht als an den
leisen, aber mächtigen, unzerreißbaren der Empfindung.
In diesen Ufern oder auf diesem hohen Meer leitet
und regiert das Schiff der Meister." Ueber das
Musikwesen der Hebräer und über die Musik der
Psalmen hat uns Herder werthvolle Arbeiten hinterlassen.
Ueberhaupt bemerkt man, daß er bei seinen historischen
Studien auch auf die Geschichte der Musik sein Augen-
merk richtet.

„Wie in der Poesie," zeichnete seine Gattin auf,
„so liebte er in der Musik über Alles das Einfache.
Zu den Volksliedern sammelte er die Original-
Melodien und würde, wenn er die Sammlung:
‚Stimmen der Völker in Liedern‘ noch selbst hätte ordnen können, wahrscheinlich jene damit verbunden haben,
denn Lied und Melodie waren ihm unzertrennlich. Er
fühlte bei dem Inhalt und Metrum eines Liedes von
selbst die dazu passende Melodie und mußte bestimmt anzu-
geben, wenn der Dichter und der Componist nicht harmo-
nirten oder der Dichter es nicht selbst in seiner Seele
gesungen hatte." In der vortrefflichen Einleitung zu
den „Stimmen der Völker in Liedern" heißt es: „Das

Wesen des Liedes ist Gesang, nicht Gemälde: seine Voll=
kommenheit liegt im melodischen Gange der Leidenschaft
oder Empfindung, den man mit dem alten treffenden
Ausdruck: Weise nennen könnte. Fehlt diese einem Liede,
hat es keinen Ton, keine poetische Modulation, keinen
gehaltenen Gang und Fortgang derselben; habe es Bild
und Bilder und Zusammenhang und Niedlichkeit der
Farben, so viel es wolle, es ist kein Lied mehr." Die
Abhandlung über Volksgesang in den Werken zur schönen
Literatur und Kunst führt den Gedanken weiter aus:
„Es bedarf kaum eines Wortes über die Frage: ob
Inhalt und Gesang gemeiner Volkslieder gleichgültig
sein dürfen? Denn wie könnten sie dies sein, da das
Lied ein so gewaltiges Mittel, auf's Herz zu wirken,
ja gewissermaßen die unverhohlene Sprache des Herzens
selbst ist. — Die Melodien unserer alten Volkslieder,
da sie meistens dem Horn angehören, sind einfach,
der Inhalt oft abenteuerlich, oft grausam. Indeß
haben wir andere, die zu edlen Gesinnungen aufrufen,
andere, die edle Thaten selbst darstellen, andere, die die
zartesten Saiten des Herzens regen. — Tod alles
Schönen und Edlen ist's, zu glauben, daß die Kunst
Alles, auch das ekelhaft Widrigste gefällig behandeln
und damit Töne des menschlichen Herzens verwirren
dürfte, ja daß sie in diesem Tumult triumphire! Gleicher=
gestalt ist's der Musik unanständig, wenn sie in einer
wirklich gemeinen, d. i. trivialen, eklen Volkspoesie mit
Saitenspiel, Trommeln und Pfeifen beianläuft, sie zu

erheben, zu verschönern. Der maestro ist hier ein Knabe worden; der Dichtungsart, die eigentlich ganz Herz sein sollte, wird das Herz genommen, es wird damit gespielt. In unserer stillsten Kammer hat Adrastea Scepter und Wage verloren, sie wird verspottet, mit ihr wird kunst= mäßig gegaukelt."

Hatte schon während seines Aufenthaltes in Paris die französische Oper Herders abfällige Kritik heraus= gefordert, so mußten ihn die Zustände auf der vater= ländischen Opernbühne auf's Höchste erbittern: „In wie anmuthsreichen Zeiten leben wir! in züchtig=unzüchtigen musikalisch=theatralischen Zeiten, da der Tonkünstler seine musikalischen Gedanken und Empfindungen mir nichts dir nichts jedem Unsinn anpaßt und der deco= rirte Schauspieler sein

> Gieb mir ein Schmätzchen,
> O du mein Kätzchen,
> Gieb mir ein Mäulchen,
> O du mein Eulchen

ohne alles Erröthen singt, indeß Parterre und Galle= rien in Empfindungen lieblicher Töne zerschmelzen. Wie wäre es, wenn wir eine Olla Potrida solcher musika= lischer Gedanken und Empfindungen unserer neuesten deutschen Oper zur Probe gäben? Groß kann sie nicht werden: denn in jeder sind fast dieselben Worte, dieselben Reime. Auch mag jeder suppliren. O daß sie gegeben werden kann und werden muß! So entweiht sind Sprache und Töne!"

Nun folgt das Spottgedicht „Olla Potrida mu=
sikalischer Gedanken und Empfindungen oder die neueste
deutsche Oper". Wir begnügen uns damit, das Duett
aus der ersten Scene anzuführen:

> „1) In lieblichen Flammen
>   Treten wir zusammen.
>
> 2) Zusammen
>   In Flammen.
>
> 1) Herzlich
> 2) Schmerzlich.
>
> 1) O süßer Schmerz;
> 2) O süßes Herz!
>
> 1) Schmachtend, sehnend,
> 2) Seufzend, thränend.
>
> 1) 2) O Liebespein
>
> 1) Muß es so sein?
> 2) Es muß so sein.
>
> 1) So geb ich mich darein,
> 2) Darein."

„Sind musikalische Weisen (wie auch ihr Name
sagt) Weisen und Wege der Empfindung; werden sie
nicht, mit Worten verbunden, wirkliche Denkweisen? Die
Gesangweise schleicht sich in's Herz und stimmt es un=
vermerkt zu Tönen, zu Wünschen, zu Bestrebungen in
dieser Tonweise, in diesem Modus. — Gleichgültig kann
es also nicht sein, wenn Gedankenleere, schmachtend=
üppige Operngesänge oder componirte Trivialitäten
der gemeinsten Art jeden anderen Gesang verdrängen.
Als Vergnügen selbst werden sie bald ein fades Ver=

gnügen, da sie am Ende kein Wort zulassen als: ‚der große Tonkünstler!‘ oder ‚herrliche Stimme!‘ und ‚vortrefflich accompagnirt!‘ Dergleichen Lobeserhebungen machen Kopf und Herz zum hohlen Resonnanzboden, sowie Inhalt und Instrumente das Leben zum Fiedelbogen und zur Fiedel machten. Man streicht und streicht. Da capo, Ancora! Elender Zweck der zwecklosesten Wirkung! Haben im Reiche Pluto's die Danaiden eine traurigere Uebung? — Klagt das allgelehrige und das allvergessende Publikum nicht an, als ob es nur für üppige Gesänge ein Ohr habe. Welch' Stück von Mozarts Compositionen ist in Deutschland öfterer aufgeführt worden, als die Zauberflöte? Geschah dies ohne Ursache, ohne die doch nichts geschieht? Nichts minder. So übel geleitet die Fabel, so übel gewählt die Worte sein mögen; dem Unverständigsten schimmert der Inhalt der Fabel vor: ‚Licht im Kampfe mit der Nacht; Jenes durch Vernunft und Wohlthätigkeit, diese durch Grausamkeit, durch Betrug und Ränke wirkend!‘ Auch die zwei Klassen höherer und niederer Gesinnung in Bestrebungen und Liebe sind Allen begreiflich. Und welche Gesänge blieben im Contrast dieser Scenen dem Publikum die werthesten? Gerade die immer erfreulichsten, die moralischen, die edlen, z. B.: ‚In diesen heiligen Hallen‘, ‚Ein zartes Herz kann nicht betrüben‘, ‚Wir wandelten durch Feuer und Fluthen‘.“ Offenbar legt Herder hier auf das Libretto zur Zauberflöte ein zu großes Gewicht. Die Oper verdankt ihre Beliebtheit keines-

weges dem Text, sondern der herrlichen Musik des
göttlichen Mozart.

Glucks Bedeutung wußte Herder vollkommen zu
würdigen. Wie er die hohe Kunst seiner Opern feierte,
eiferte er unablässig gegen den schlechten Geschmack, der
auf der deutschen Opernbühne triumphirte. „Wo die Oper
jetzt steht, wissen wir; auf dem Kunstgipfel der Tonkunst
und Decoration, fast mit Vernachlässigung des Inhalts
und der Fabel. Den Operndichter nennt man jetzt
kaum; seine Worte, die man auch selten versteht, und
noch seltner des Verstehens wert sind, geben dem Ton=
künstler nur Anlaß zu seinen (wie er's nennt) musika=
lischen Gedanken, dem Decorateur zu seinen Decorationen.
Musikalische Gedanken ohne Worte, Decorationen ohne
eine verständige Fabel sind freilich sonderbare Dinge;
wir denken aber einmal in der Oper reinmusikalisch.
Sie ist der Ort:

> Wo wie vor süßen Zaubereien
> Der Bürger seinen Gram verträumt,
> Vergisset Krieg und Plackereien,
> Und was er selbst an Pflicht versäumt,
> Haus, Vaterland und Schurkereien
> Des Rechts, Auflagen — ach, er träumt
> In einem trunknen Augenblick
> Sich seines Lebens — Opernglück.

Hat der Tonkünstler durch diese Zurücksetzung des
poetischen Stoffes gewonnen oder verloren? Für seine
Kunst glaubt er gewonnen zu haben; er darf seine
Arien drehen und wenden nach Herzenslust; höchstens

paßt er sie der Kehle an, die sie hinwirbelt. Als Ton=
dichter aber, als Sprecher und Wirker der Empfindung,
hat er gewiß verloren. Spazieren seine Töne in der
Luft, verschlingen sie sich nicht unmittelbar mit Worten
und Scenen der Empfindung: so dringen sie nie an's
Herz, sie bleiben im Ohre. Bearbeitet er einen un=
würdigen, gar schändlichen Stoff, muß er seine süßen
Töne an Laffereien, an eine Persiflage alles Großen,
Guten und Schönen verschwenden, o wie bedauern wir
den Tonschöpfer! Wie bedauern wir, zaubrischer Mozart,
Dich in Deinem Cosi fan tutte, Figaro, Don Juan ꝛc.
Die Töne setzen uns in den Himmel, der Anblick der
Scenen in's Fegefeuer, wo nicht gar tiefer. Läßt der
Tonkünstler sich gar hinreißen, seiner musikalischen
Drehbank zu Gefallen die Empfindungen zu zerstücken,
zu kauen und wiederzukauen, zu cadenzieren — Unmuth
erregt er statt Dank und Entzückung in unserer Seele!
Schnürt er endlich seine Kunstmaschinen Sängern und
Sängerinnen so an die Kehle, daß Held und Heldin
darüber zu Spott werden, folgt er dem Trödelkram
sogenannt weicher Empfindungen bis zu Scenen aus=
gelassener Frechheit, wie? hätte er gewonnen? und nicht
das Beste, den Zauber seiner Kunst, die höchste Ein=
wirkung auf's menschliche Gemüth verloren? Der Fort=
gang des Jahrhunderts wird uns auf einen Mann
führen, der diesen Trödelkram wortloser Töne verachtend,
die Nothwendigkeit einer innigen Verknüpfung reinmensch=
licher Empfindung und der Fabel selbst mit seinen

Tönen einsah. Von jener Herrscherhöhe, auf welcher sich der gemeine Musikus brüstet, daß die Poesie seiner Kunst diene, stieg er hinab und ließ, soweit es der Geschmack der Nation, für die er in Tönen dichtete, zuließ, den Worten der Empfindung, der Handlung selbst seine Töne nur dienen. Er hat Nacheiferer, und vielleicht eifert ihm bald Jemand vor. Daß er nämlich die ganze Bude des zerschnittenen und zersetzten Opern-Klingklangs umreiße und ein Odeum aufrichte, ein zusammenhängend lyrisches Gebäude, in welchem Poesie, Musik, Action, Decoration eins sind."

Wie ein Strom, der seine Wasser in tausend Kanäle ergießt und verbreitet, eröffnete Herders Universalismus der gesammten deutschen Cultur neue Wege und Ziele. Lessings Kritik hatte das Gerippe der nationalen Aesthetik geschaffen, aber Herder lieh ihm Gestalt und Dasein und jenen blühenden Lebenshauch, der soviele schlummernde Keime weckte. Während der bedeutendsten Epoche seines Wirkens waren Herders musikalische Interessen der Oper zugewandt. Und heute nach Menschenaltern sehen wir eine seiner fruchtbringendsten Ideen in der Krone aller Kunst, dem Musikdrama, zur Wirklichkeit gereift.

Jean Paul

———

Jean Paul.

Jean Pauls staunenerregende Phantasie, die seiner
poetischen Gestaltungskraft weit überlegen war,
fand in der Musik die Kunstform, die seinem Hange
zur Schwärmerei den größten Spielraum gestattete.
Vom Vater, der Componist und Clavierspieler war,
hatte er ein bedeutendes musikalisches Talent geerbt,
und schon auf seine erste Jugendzeit im weltabgeschie=
denen Fichtelgebirge warf die Tonkunst einen verklären=
den Schimmer. Die größte Freude des Knaben war,
den Phantasien des Vaters auf dem Claviere zu lau=
schen und sich an der Fülle der Harmonien zu berau=
schen. „Der Tonkunst," erzählt er, „war meine Seele
überall aufgethan, und für sie hatte ich hundert Argus=
ohren. Wenn der Schulmeister die Kirchengänger mit
Finalcadenzen heimorgelte, so lachte und hüpfte mein
ganzes, kleines, gehobenes Wesen wie in einen Frühling
hinein. Viele Stunden widmete ich einem alten, ver=
stimmten Clavier, dessen Stimmhammer und Stimm=

meister nur das Wetter war." In Schwarzenbach, einem kleinen Dorfe des Fichtelgebirges, wohin der Vater versetzt worden war, gab ihm Cantor Gressel den ersten Clavierunterricht und führte ihn in die Geheimnisse des Generalbasses und der Harmonielehre ein. Sobald er die ersten theoretischen Kenntnisse gewonnen hatte, verschaffte er sich eine Menge Clavierstücke und prägte sie seinem vortrefflichen Gedächtniß ein. Bald verfügte er über eine Repertoire, das er, mit seinen Phantasien durchflochten, auf die geschickteste Weise zu verwerthen wußte.

Während seiner Studienzeit in Leipzig blieben dem armen Studenten die Concertsäle verschlossen. Seine Seele dürstete nach Musik, wehmüthig stand er Abends vor den glänzend erleuchteten Fenstern der Concerthäuser und verschlang die Töne, die abgerissen und nur halb verständlich zu ihm herausdrangen. Sein Vater war todt, die Mutter nagte am Hungertuche und konnte den Sohn nicht unterstützen.

1784 kehrte Jean Paul in erborgtem Mantel, „in dem er sich unterwegs gewärmt", zu seiner Mutter nach Hof zurück. Das Honorar für die erste schriftstellerische Arbeit, „Die grönländischen Processe", war längst aufgezehrt, dringender klopfte die Noth an seine Thüre. „Da ich die Wahl habe," klagt er, „zu erfrieren oder zu schreiben, so thue ich das letztere. Wir verschoben den Holzeinkauf bis heute und müssen ihn wieder acht Tage verschieben. Aber in der Zeit können

ich und meine Clavierfinger ausgewintert sein." So
kümmerlich und jammervoll sein Leben dahinschlich, so
hatte er sich doch in der Kunst des Clavierspiels ver=
vollkommnet und entzückte den kleinen geselligen Kreis,
in dem er verkehrte, mit seinen musikalischen Phanta=
sien. „Er spielte," meldet ein Zeitgenosse, „nie fremde
oder unter irgend eine geregelte Form gebrachte Musik=
stücke, sondern nur Phantasien, wie sie der Augenblick
der Begeisterung erzeugte und die Lüfte wieder davon=
trugen, ohne daß er etwas davon festhielt, als die Ge=
danken und Träume, die in ihm während dieses musi=
kalischen Schaffens entstanden. Dieses Clavierspiel war
um so ergreifender, als er eben in das geheimnißvolle,
gewissermaßen mit Ossian'schen Nebelstreifen zeichnende
Reich der Töne alle Gedanken, Bilder und Träume
seiner Seele ausgießen konnte, die er in der Sprache
nicht auszudrücken vermochte, weil die plastische Kraft
in ihm so spät geweckt und so wenig ausgebildet
war. Darum wurden diese musikalischen Phantasien
die ersten Ergüsse, in denen sich die ernst=poetische
Empfindung und die weichen, blühenden und erhabe=
nen Gattungen seiner Einbildungskraft vor Zuhörern
und in bestimmten Erzeugnissen ergingen und Luft
machten."

Die Veröffentlichung der „Unsichtbaren Loge" und
des „Hesperus" verscheuchte endlich das Gespenst der
Noth von der Schwelle des Dichters. Er durfte hof=
fen, frei und unabhängig schaffen zu können, und der

große Beifall, der seine Dichtungen begleitete, zeigte
ihm die Aussicht auf eine heitere, sorgenlose Zukunft.

In der Musikschwärmerei Victors und Horions
im Hesperus findet Jean Pauls leidenschaftliche Ver=
ehrung der Tonkunst den überschwänglichsten Ausdruck.
Horion lauscht aus der Ferne einem Gartenconcert.
„Theurer Victor,“ ruft er aus, „im Menschen ist ein
großer Wunsch, der nie erfüllt wurde: er hat keinen
Namen, er sucht seinen Gegenstand, aber Alles, was
Du ihm nennst, und alle Freuden sind es nicht; allein
er kommt wieder, wenn Du in einer Sommernacht nach
Norden siehst oder nach fernen Gebirgen, oder wenn
Mondlicht auf der Erde ist oder der Himmel gestirnt,
oder wenn Du sehr unglücklich bist. Dieser große, un=
geheure Wunsch hebt unsern Geist empor, aber mit
Schmerzen: ach! wir werden, hienieden liegend, in die
Höhe geworfen gleich Fallsüchtigen. Aber diesen Wunsch,
dem nichts einen Namen geben kann, nennen unsre Sai=
ten und Töne dem Menschengeiste — der sehnsüchtige
Geist weint dann stärker und kann sich nicht mehr fassen
und ruft in jammerndem Entzücken zwischen die Töne
hinein: „Ja, Alles, was Ihr nennt, das fehlt mir....“
An einer anderen Stelle heißt es: „O Tonkunst, die
Du die Vergangenheit und die Zukunft mit ihren flie=
genden Flammen so nahe an unsere Wunden bringst,
bist Du das Abendwehen aus diesem Leben oder die Mor=
genluft aus jenem? Ja, Deine Laute sind das Echo,
welches Engel den Freudentönen der zweiten Welt ab=

nehmen, um in unser stummes Herz, um in unsre öde
Nacht das verwehte Lenzgetön fern von uns liegender
Himmel zu senden!" Die Phantasie des Dichters ver=
liert sich in's Unendliche. Wir haben in unsern Tagen
kein Verständniß mehr für diesen Ueberschwang der Ge=
fühle, aber zu Anfang des Jahrhunderts war ein großer
Theil der Gesellschaft, vor allem die Frauen, durch diese
neue Zaubersprache elektrisirt.

Der Hesperus hatte in Ilm=Athen Aufsehen erregt.
So kühl Goethe und Schiller dem Schwärmer von Wun=
siedel gegenüber standen, so warm war das Interesse,
das Herder und Wieland an seinen Arbeiten nahmen,
besonders waren es die schöngeistigen Frauen, die vor
Begierde brannten, den Dichter persönlich kennen zu
lernen. Die dringende Einladung der Charlotte v.
Kalb, nach Weimar zu kommen, gab Jean Paul will=
kommenen Anlaß, den lange gehegten Plan einer Reise
nach Thüringen zur Ausführung zu bringen. Im Hause
Herders und der Charlotte v. Kalb bewunderte man
sein ausgezeichnetes Clavierspiel, in Leipzig wurde er
feierlich in ein Gewandhausconcert eingeführt und „hörte
dort zum ersten Male in seinem Leben Musik". Bald dar=
auf weilte er am Hofe des kunstsinnigen Herzogs von
Meiningen. „Gestern," schreibt er von Hildburghausen,
„habe ich vor dem Hofe auf dem Flügel phantasirt.
Du erschrickst, aber ich habe es seit anderthalb Jahren
vor Weiße, Gleim, Herder, vor der Herzogin = Mutter
passimque gethan." Die Musik begleitete ihn überall

hin, seine Verehrer stritten, ob sie mehr sein dichteri=
sches oder sein musikalisches Talent bewundern sollten.

Jean Pauls kleinere Schriften enthalten eine Fülle
geistvoll=überschwänglicher Gedanken über die Musik.
In der „Levana" beschäftigt er sich mit der musikali=
schen Erziehung der Jugend: „In der Kindheit der
Völker," sagt er, „war das Reden Singen; dies werde
für die Kindheit der Einzelwesen wiederholt. Im Ge=
sang fällt der Mensch und Ton und Herz in Eins zu=
sammen, gleichsam in eine Brust — indeß Instrumente
ihm ihre Stimme nur zu leihen scheinen; mit welchen
Armen kann er nun die kleinen Wesen näher und milder
an sich ziehen, als mit seinen geistigen, mit den Tönen
des eigenen Herzens, mit derselben Stimme, die immer
zu ihnen spricht, aber auf einmal sich in der musikali=
schen Himmelfahrt verklärt?" Auch die Abhandlung
„über die natürliche Magie der Einbildungskraft" schließt
mit einer Verherrlichung der Musik: „Als Titan sich
die Unsterblichkeit vom Jupiter erflehte, hatte er in seine
Bitte die Jugend nicht eingeschlossen, und er schwand
zuletzt ein zu einer unsterblichen Stimme; so verfällt
erbleicht das Leben hinter uns, und unsrer einschwin=
denden, vertrocknenden Vergangenheit bleibt nur etwas
Unsterbliches — eine Stimme: die Musik. Daß nun
die Töne, die in einem Mondlicht mit Kräften ohne
Körper unser Herz umfließen, die unsre Seele so ver=
doppeln, daß sie sich selber zuhört, und mit denen unsre
tief heraufgewühlten, unendlichen exaltirten Hoffnungen

und Erinnerungen gleichsam im Schlafe reden, daß nun die Töne ihre Allmacht von dem Sinne des Grenzen= losen überkommen, das brauch' ich nicht weiter zu sagen. Die Harmonie füllt uns zum Theil durch ihre arithmetischen Verhältnisse; aber die Melodie, der Lebensgeist der Musik, erklärt sich aus nichts, als etwa aus der poetisch reinen Nachahmung der roheren Töne, die unsre Freuden und unsre Schmerzen von sich geben."

"Warum erlischt der Reiz der Musik nicht im Alter wie so viele andere Reize?" fragt Jean Paul in seinen "Gedanken und Bemerkungen über die Menschen". "Weil ihre Wirkung nicht wie die des Auges unausgesetzt da= steht, weil nicht die Empfindung im Menschen alt wird, nur der Gegenstand, und sie den höheren nennt durch jene; weil sie unendlich ist wie das Herz; weil sie allein in ihrem kurzen Vorüberfluge rein sein kann und der Fehler verfliegt, ehe er bemerkt worden. Die Tonkunst ist die Heilige, die Madonna unter den Künsten, sie kann nichts darstellen als das Heiligste. Der Gesang ist ein Gebet. Heilige Tonkunst, Du allein bist regel= mäßig auf der unregelmäßigen Erde, und wer Dich liebt und übt, spricht die Gottheit aus, der er gehorcht." Man kann an diese musikalisch=ästhetischen Betrachtungen des Dichters nicht den kritischen Maßstab legen, man muß sie vielmehr aus seiner Eigenart und dem wun= derlichen Fluge seiner Phantasie begreifen.

Den gewaltigen Gedankenstrom, der ihm ununter=

brochen zufloß, leitete er in zahllose aphoristische Nie-
derschriften ab. Daß die Musik darin eine wichtige
Rolle spielt, darf bei seiner musikalisch angelegten Natur
nicht Wunder nehmen. „Wenn mich eine Empfindung
ergreift, daß ich sie darstellen will, so ringt sie nicht
nach Worten, sondern nach Tönen und ich will auf
dem Clavier sie aussprechen. — Alles ist bei mir Tönen, nicht Schatten, wenn ich stark getrunken; ich höre
mich oder das Innere ewig und denke klar darüber.
— Die Töne, die mir in und vor dem Schlaf kommen
oder sonst in der Poesie, sind keine von irgend einem
Instrument — höchstens Gesang — aber desto ergreifender wie ein Extract aus alten Tönen und Instrumenten. Indeß sind's jene, die plötzlich auf Instrumenten oder Kehlen höher hinaufgingen und die Seele und
das Leben erregten, aber ich könnte nicht sagen, ob sie
gesungen oder gespielt würden; nur mein altes Inneres
hebt sich empor, das alte Land der Vergangenheit und
Zukunft ist fast da und ich sehne mich wieder — denn
sogar das Sehnen hört hienieden oft auf. — Einen
ganzen Tag könnt' ich fortphantasiren sowohl poetisch
als musikalisch und gerade in diesem langen·Phanta-
siren hör' ich erst jeden Ton recht rein. — Sobald ich
bei dem Erfinden am Clavier in's Weinen komme, ist
es mit dem Erfinden vorbei und nur das Empfinden
befiehlt. — Nichts erschöpft, nichts rührt mich mehr
als das Phantasiren auf dem Clavier. Ich könnte
mich todtphantasiren. Alle untergesunkenen Gefühle und

Geister steigen herauf — meine Hand und mein Auge und Herz wissen keine Grenze; endlich schließ' ich mit einigen ewig wiederkehrenden aber zu allmächtigen Tönen. Man kann wohl satt werden Musik zu hören, aber nicht zu machen und jeder Musiker könnte sich wie eine Nachtigall todtschmettern. — Ich singe Töne ohne Sinn und doch weine ich dabei und lege doch ihnen keine Empfindung unter: so wirkt also die Musik durch das Allgemeinste. Je längeres Spielen, desto tiefer hör' ich die Töne in mich hinein. Und die auflösende Zerstörung ist dieselbe. Sogar das Singen macht wenig. — Wenn ich lange phantasire musikalisch, so zersetz' ich mich zu den heftigsten Thränen, ohne an etwas Bestimmtes oder gar Trübes zu denken. Das Tönen schneidet immer tiefer und heller in's Ohr und Herz — Thränen sind überhaupt mein stärkster, aber schwächendster Rausch. — Die Gewalt der Blasetöne (z. B. heute den 19. October 1815 bei der russischen Abendmusik vor des Generals Hause) nimmt jährlich bei mir zu, indeß ich ihnen doch keinen Stoff, wie etwa sonst, unterlege. Ich weine, schluchze, kann kaum Athem holen und denke schlechterdings an keinen Gegenstand, wenigstens nicht an mich, an Vergangenheit oder Zukunft. — Stärker wird Alles durch eine allgemeine Idee freilich, z. B. Anschauen des Himmels — die Erbärmlichkeit des Anschauens eigener Zustände kommt mir nicht. Auch dauert die Nachwirkung bei mir lange, vollends die körperliche Schwächung. — Immer mehr bild' ich

10*

in mir die Mufik hinauf, indeß ich um mich her keine
gute höre, aber eine beffere fordere. In mir nimmt
jährlich das Zerfließen zu bei Mufik und Dichtkunst
und Liebe; warum aber oder wie bei meinen Jahren?"

An einer einzigen Stelle feiner Schriften, in dem
kleinen Auffatz „Ueber die Kunst, einzuschlafen", hat fein
Humor die heilige Tonkunst gestreift: „Töne, fagt Bako,
schläfern mehr ein, als ungegliederte Schälle. Auch
Töne zählen und werden gezählt. Da aber hier nicht
von fremden, sondern von Selbstentladungen — das
Einschläfern ist der einzig schöne Selbstmord — die
Rede ist, fo gehören nur Töne her, die man in fich
felber hört und macht. Es giebt kein füßeres Wiegen=
lied, als dieses innere Hören des Hörens. Wer nicht
musikalisch phantafiren kann, der höre fich wenigstens
ein Lieblingslied oder eine Trauermusik in feinem Kopfe
ab; der Schlaf wird kommen und vielleicht den Traum
mitbringen, deffen Saiten in keiner Luft mehr zittern,
sondern im Aether." In unserem Zeitalter der Nervo=
fität verdient dieses harmlose musikalische Schlafmittel
empfohlen zu werden.

Die deutsche Litteratur kennt unter den Romantikern
nur E. Th. A. Hoffmann, deffen dichterisch=musikalische
Phantafie in ihrer Eigenart und Wechselwirkung der Muse
Jean Pauls verwandt war. Allerdings war Hoffmann
musikalisch praktisch und theoretisch fein gebildet, während
Jean Paul feine Einbildungskraft zu Hülfe rief, wenn
er fich außer Stande fühlte, den musikalischen Dingen

auf den Grund zu gehen. Es lag in der Natur seines Stilllebens in dem einförmigen Bayreuth, daß er während der letzten Decennien seines Daseins zu den Musikern seiner Zeit nicht in Beziehung trat; aber in der Welt des Wunderbaren, die sein ureigenstes Element war, begleitete ihn die Tonkunst bis an sein Ende als Vermittlerin seiner heiligsten Gefühle, als die Verkünderin einer schöneren Welt.

Am 24. November 1813 schrieb Jean Paul die denkwürdigen Worte in Bayreuth: „Bisher warf der Sonnengott immer die Dichtgabe mit der Rechten und die Tongabe mit der Linken zwei so weit auseinanderstehenden Menschen zu, daß wir noch bis diesen Augenblick auf den Mann harren, der eine echte Oper zugleich dichtet und setzt." Unsrer Zeit war es vorbehalten, in Richard Wagner den Dichter-Componisten zu feiern, auf den Jean Paul hindeutet, und in der stillen Markgrafenstadt die Hochburg der Wagner-Kunst errichtet zu sehen.

Die Romantiker

Die Romantiker.

Durch alle Töne tönet
Im bunten Erdenraum
Ein leiser Ton gezogen
Für den, der heimlich lauschet.

(Fr. Schlegel.)

Novalis, der vollendetste Typus romantischen Wesens, spricht in seiner Aesthetik die Forderung aus, unsere Sprache, die zu Anfang weit musikalischer gewesen sei, müsse wieder Gesang werden. „Es lassen sich Erzählungen," sagt er, „ohne Zusammenhang, jedoch mit Association, wie Träume, denken, Gedichte, die blos wohlklingend und voll schöner Worte sind, aber auch ohne allen Sinn und Zusammenhang, höchstens einzelne Strophen verständlich, wie Bruchstücke aus den verschiedenartigsten Dingen. Diese wahre Poesie kann höchstens einen allegorischen Sinn haben, eine indirecte Wirkung, wie Musik." Allgemein macht sich bei den Vertretern der romantischen Schule das Bestreben geltend, die Sprache nur in Bezug auf ihre musikalische Wirkung gelten zu lassen: Alle Methode, lehrt Novalis, ist Rhythmus. Hat man den Rhythmus in der Gewalt, so hat man die Welt in der Gewalt. Jeder Mensch hat seinen individuellen Rhythmus. „Unsere Sprache ist weder mechanisch, atomistisch oder dynamisch. Die ächt poetische Sprache soll aber organisch, lebendig sein. Die Consonanten sind die Fingersetzungen und ihre Folge und Abwechslung gehört zur Applicatur; die Vokale sind die tönenden Saiten oder Luftstäbe; die Lunge ist der bewegte Boden." Die Sprache, heißt es im „Heinrich von Ofterdingen", ist eine kleine Welt in Zeichen und Tönen. „Wie der Mensch sie beherrscht, so möchte er gern die große Welt beherrschen und sich frei darin ausdrücken können. Und eben in dieser Freude, das, was außer der Welt ist, in ihr zu offen= baren, das thun zu können, was eigentlich der ursprüng= liche Trieb unseres Daseins ist, liegt der Ursprung der Poesie." Friedrich Schlegel nennt die Arabeske, „dieses harmlos musikalische Wiegen der Linie in sich selbst," die älteste und ursprünglichste Form der menschlichen Poesie. Die dunklen Gewalten des Geheimnißvollen, Mystisch= Religiösen und Phantastischen, die wie Elementar= geister die romantische Welt in Bewegung setzten, strebten über die Grenzen der Poesie hinaus, der Strom der romantischen Dichtung fluthete in das verwandte Gebiet der Musik hinüber. Tieck preist im „Sternbald" die Musik als die erste, die unmittelbarste und kühnste von allen Künsten, die einzig das Herz habe auszusprechen, was man ihr anvertraut, da die übrigen ihren Auftrag immer nur halb ausrichten und das Beste verschweigen. „Ich möchte die ganze Welt," ruft Sternbald aus, „mit Liebesgesang durchströmen, den Mondschimmer und die Morgenröthe anrühren, daß sie mein Leid und Glück wiederklingen, daß die Melodie Bäume, Zweige, Blätter und Gräser ergreife, damit alle spielend mein Lied wie mit Millionen Zungen wiederholen müßten." Die unsterbliche Melodie jauchzt, jubelt und stürmt über ihn hinweg, die Natur wird ihm zur Aeolsharfe und Leben und Poesie „gehen in einem Lustmeere von Tönen auf".

Den romantischen Feldzug hatte eine kleine Schrift eröffnet: „Herzensergießungen eines kunstliebenden Kloster= bruders" von Wilhelm Heinrich Wackenroder. Georg Brandes nennt sehr treffend das Büchlein die Urzelle der Romantik und des romantischen Gewebes. Wacken= roder (geboren 1772 zu Berlin), eine eminent musi= kalische Natur, war gegen seinen Willen vom Vater für den Justizdienst bestimmt worden. Ein beständiger Kampf zwischen Neigung und Beruf zerriß sein zartes Gemüth. „Seine Hauptfreude," lesen wir in seiner Auto= biographie „Leben des Tonkünstlers Joseph Berglinger",*) „war von seinen frühsten Jahren an die Musik gewesen.

---

*) An den „Herzensergießungen" hatten Wackenroder und Tieck gemeinschaftlich gearbeitet, dagegen rührt die biographische Skizze „Joseph Berglinger", die in das Büchlein aufgenommen wurde, von Wackenroder allein her.

Er hörte zuweilen Jemand auf dem Clavier spielen und spielte auch selber etwas. Nach und nach bildete er sich durch den oft wiederholten Genuß auf eine so eigene Weise aus, daß sein Inneres ganz und gar zu Musik ward und sein Gemüth, von dieser Kunst gelockt, immer in den dämmernden Irrgängen poetischer Empfindungen umherschweifte. — Die bittere Mißhelligkeit zwischen seinem angeborenen ätherischen Enthusiasmus und dem irdischen Antheil an dem Leben eines jeden Menschen, der Jeden täglich aus seinen Schwärmereien mit Gewalt herabzieht, quälte ihn sein ganzes Leben hindurch. — Seine ewig bewegliche Seele war ganz ein Spiel der Töne; es war, als wenn sie losgebunden vom Körper wäre und freier umherzitterte oder auch, als wäre sein Körper mit zur Seele geworden, so frei und leicht war sein ganzes Wesen von schönen Harmonien umschlungen, und die feinsten Falten und Biegungen der Töne drückten sich in seiner weichen Seele ab." Der Vater haßte die Musikschwärmerei und bestand darauf, daß der Sohn einen practischen Beruf ergreife. „Dieser preßte seinen Enthusiasmus heimlich in seine Brust zurück, um seinen Vater nicht zu kränken und wollte sich zwingen, ob er nicht nebenher eine nützliche Wissenschaft erlernen könnte. Aber das war ein ewiger Kampf in seiner Seele. Er las in seinen Lehrbüchern eine Seite zehnmal, ohne zu fassen, was er las; immer sang seine Seele innerlich ihre melodischen Phantasien fort." Dem Zwiespalt, der so unbarmherzig sein Leben durchdrang, fiel Wacken-

rober zum Opfer. Er starb bereits im 26. Lebens=
jahre. „Ach! daß eben seine hohe Phantasie es sein
mußte, die ihn aufrieb! Soll ich sagen, daß er vielleicht
mehr dazu geschaffen war, Kunst zu genießen als aus=
zuüben? Sind Diejenigen vielleicht glücklicher gebildet,
in denen die Kunst still und heimlich wie ein verhüllter
Genius arbeitet und sie in ihrem Handeln auf Erden
nicht stört? Und muß der Immerbegeisterte seine hohen
Phantasien doch auch vielleicht als einen festen Ein=
schlag kühn und stark in dieses irdische Leben einweben,
wenn er ein echter Künstler sein will? Ja, ist diese
unbegreifliche Schöpfungskraft nicht etwa überhaupt
ganz etwas Anderes und — wie mir jetzt erscheint —
etwas noch Wundervolleres, noch Göttlicheres, als die
Kraft der Phantasie? Der Kunstgeist ist und bleibt
dem Menschen ein ewiges Geheimniß, wobei er schwin=
delt, wenn er die Tiefen desselben ergründen will,
aber auch ewig ein Gegenstand der höchsten Be=
wunderung, wie denn dies von allem Großen in der
Welt zu sagen ist." In Wackenroders Kunstschwärmerei
mischt sich etwas Krankhaftes, seine Phantasie hebt
ihn in den Himmel, aber die Zweifel an seinem
künstlerischen Berufe lähmen seine Production. Seine
Seele vergleicht er der schwebenden Aeolsharfe, in
deren Saiten ein fremder, unbekannter Hauch weht,
in der sich wechselnde Lüfte nach Gefallen regen. In
den „Phantasien über die Kunst" feiert er auf's Ueber=
schwänglichste die Musik: „Wenn alle die inneren

Schwingungen unseres Herzens fiebern, die zitternden der Freude, die stürmenden des Entzückens, die hoch= klopfenden Pulse verzehrender Anbetung, — wenn alle die Sprache der Worte, als das Grab der inneren Herzenswuth, mit einem Ausruf zersprengen, dann gehen sie unter fremdem Himmel in den Schwingungen hold= seliger Harfensaiten wie in einem jenseitigen Leben in verklärter Schönheit hervor und feiern als Engelgestalten ihre Auferstehung." Zaghafte und zweifelnde Vernünftler streben die reichere Sprache der Musik nach der ärme= ren abzumessen und in Worte aufzulösen, was Worte verachtet. Haben sie nie ohne Worte empfunden, haben sie ihr hohles Herz nur mit Beschreibungen von Ge= fühlen ausgefüllt? — In dem Spiegel der Töne lernt das menschliche Herz sich selber kennen, sie sind es, wo= durch wir das Gefühl fühlen lernen. — Die Instru= mentalmusik strömt eine ganze Welt, ein ganzes Drama menschlicher Affecte aus. — „Jene wahnsinnige Will= kür, womit in der Seele des Menschen Freude und Schmerz, Natur und Erzwungenheit, Unschuld und Wildheit, Scherz und Schauder sich befreunden und oft plötzlich die Hände bieten: welche Kunst führt auf ihrer Bühne jene Seelenmysterien mit so dunkler, geheimniß= reicher, ergreifender Bedeutsamkeit auf? Ja, jeden Augen= blick schwankt unser Herz bei denselben Tönen, ob die tönende Seele kühn alle Eitelkeiten der Welt verachtet und mit edlem Stolz zum Himmel hinaufstrebt, oder ob sie alle Himmel und Götter verachtet und mit frechem Streben nur einer einzigen irdischen Seligkeit entgegendringt. Und eben diese frevelhafte Unschuld, diese furchtbare, orakelmäßige = zweideutige Dunkelheit macht die Tonkunst recht eigentlich zu einer Gottheit für menschliche Herzen."

Hatte Wackenroder zuerst die Ueberlegenheit der Musik über die Poesie proclamirt, so ging Tieck*) im „Sternbald" (erste Ausgabe) an die äußerste Grenze, indem er die Instrumente redend einführte. Der „Phan= tasus" klingt in das Gedicht aus:

> „Liebe denkt in süßen Tönen,
> Denn Gedanken stehn zu fern,
> Nur in Tönen mag sie gern
> Alles, was sie will, versöhnen.
> Drum ist ewig uns zugegen,
> Wenn Musik mit Klängen spricht,
> Ihr die Sprache nicht gebricht,
> Holde Lieb' auf allen Wegen:
> Liebe kann sich nicht bewegen,
> Leihet sie den Odem nicht."

Das Lustspiel „Die verkehrte Welt" eröffnet eine Sym= phonie, eine vollkommene Umschreibung der Musik durch Worte. „Wie," sagt Violino Primo Solo, „es wäre nicht erlaubt und möglich, in Tönen zu denken und in Worten und Gedanken zu musiciren? O, wie schlecht

---

*) Der Verkehr im Hause des Capellmeisters Reichardt in Berlin hatte Tiecks Interesse für die Musik erweckt. Im Um= gang mit den vortrefflichsten Musikern und im Genuß der classischen Meisterwerke reifte sein Urtheil zum tiefsten musikalischen Verständ= niß heran.

wäre es dann mit unseren Künstlern bestellt! Wie
arme Sprache, wie ärmere Musik! Denkt Ihr nicht so
manche Gedanken so fein und geistig, daß diese sich in
Verzweiflung in Musik hinein retten, um nur Ruhe
endlich zu finden? Wie oft, daß ein zergrübelter Tag nur
ein Summen und Brummen zurückläßt, das sich später
wieder zur Melodie belebt." Sternbalds „Gedanken,
Fühlungen, Wünsche, Thränen und Lachen lösen sich
in die spielende Natur der Töne auf. Der Flöte, dem
Baumgeräusch, der Nachtigall, jedem Klange hört er so
innig zu, daß seine Seele ganz Ton wird." Wacken=
roders Einfluß auf Tiecks Jugendschriften ist überall
deutlich erkennbar, erst in reiferen Jahren macht die
musikalische Exaltation des Letzteren einer ruhigeren
Auffassung Platz. Im Vorbericht zu seinen gesammelten
Werken entwickelt er seine Gedanken über die Oper.
„Der Capellmeister Reichardt, mit dem ich seit lange in
Verbindung stand, wünschte eine Oper von mir zu com=
poniren. Righini und andere vorzügliche Meister haben
sich nachher zu verschiedenen Zeiten mit diesem Verlangen
an mich gewendet. Pläne genug habe ich zu Dichtungen
dieser Art gemacht, Vieles ist sogar angefangen worden,
aber niemals habe ich, außer einem einzigen Versuch*),
wieder den Muth finden können, ein anderes Gedicht der
Art auszuarbeiten. Es ist nicht die Undankbarkeit der

---

*) „Das Ungeheuer und der verzauberte Wald", musika=
lisches Märchen in 4 Aufzügen.

Arbeit, die mich abschreckt, und daß der Dichter sich völlig
dem Musiker unterordnen, ja aufopfern muß: sondern,
wie ich schon anderswo angedeutet habe, daß, soviel
wir auch Opern aller Art besitzen, wir immer noch nicht
über die Form dieser Dichtart und ihre Bedeutung einig
sind." Gluck hat uns gezeigt, wie die tragische Oper
an die Tragödie grenzen darf, wie Declamation in Gesang übergehen kann. Die romantische Oper, die sich
am klarsten und kühnsten in Mozarts großen Werken
entwickelt hat, ist ihrer Unbeschränktheit und ihrer
mannigfaltigen Formen wegen schwer zu beschreiben.
Ob man in den neuesten Zeiten nicht den Weg, den
uns Mozart zeigte, der im Don Juan die letzte Grenze
des Möglichen schon berührte, hat überbieten wollen,
ob man nicht in die Aufgabe der romantischen Wildheit zuviel musikalische Tradition eingemischt hat, über-
lasse ich Kennern der Musik zu untersuchen und zu ent-
scheiden. Die Form der romantischen Oper scheint zu
beschränkt, da jeder Act mit einer großen, leidenschaftlichen, vielstimmigen Scene schließt, das Gedicht zu-
sammengedrängt und dem Musiker recht viel Raum
gegeben wird. Auch durch die beliebte Eintheilung
der Oper in zwei Acte wird der Umfang des Werkes
gehindert. Die romantische Oper verträgt vielleicht
so viel Mannigfaltigkeit der Formen, so verschiedene
Elemente wie die romantische Comödie. Die Welt der
Elfen und Feen ist der romantischen Oper eigenthümlich, aber sie verträgt eine sehr verschiedene Behandlung,

wie die Zauberflöte beweist. Don Juan ist gleichsam eine phantastische Tragödie. Daß der Witz selbst sich musikalisch aussprechen kann, haben wir in Figaro's Hoch= zeit kennen gelernt. Die unendliche Fülle des Humors, Witzes, Gefühls und der süßesten Liebe ist es, die alle Werke des großen Meisters, auch seinen Belmont, charak= terisirt und als einzig hinstellt, als Muster und Vor= bilder, die dem Genie unendlich mannigfaltige Wege und Aussichten zeigen. Vielleicht haben Nachahmung und das Bestreben, den Meister zu überbieten, der ro= mantischen Oper geschadet. „Soll es einmal einem Dichter gelingen, eine gute Oper zu schreiben, so muß er vorerst mit dem Musiker ganz einverstanden sein, der Musiker muß wissen oder in der Begeisterung mit seinem Gefühl einig sein, inwiefern das Werk an Tra= gödie oder Komödie grenzen soll, welche Art des Witzes und Humors, welche Leidenschaft herrschen und durch= dringen darf, welcher Art der Episode das Reich der Wunder oder des Scherzes, der Tollheit oder des Schönen aufschließen soll, um in jeder Production eine neue Form, eine neue Gattung von Musik hervorzu= bringen, wie Mozart unbewußt durch seinen Genius und seine Poeten in Unschuld, die ihre Gedichte beinah zum Naturerzeugniß machen, wirklich schon gethan haben." Das Ideal der romantischen Oper konnte Tieck in Webers Oberon, in der Euryanthe, vor allem im Frei= schütz verwirklicht sehen.

Eine sonderbare Definition der Oper, geradezu

eine Vertheidigung ihrer Unnatur, liefert August Wilhelm Schlegel im ersten Theil seiner dramatischen Vorlesungen: „In der Tragödie war die Poesie die Hauptsache: alles Uebrige war nur dazu da, ihr und zwar in der strengsten Unterordnung zu dienen. In der Oper hingegen ist die Poesie nur Nebensache, Mittel, das Uebrige anzuknüpfen; sie wird unter ihren Umgebungen fast ertränkt. Die beste Vorschrift für einen Operntext ist daher, eine poetische Skizze zu lie= fern, deren Umrisse nachher durch die übrigen ausgefüllt und gefärbt werden. Diese Anarchie der Künste, da Musik, Tanz und Decoration durch Verschwendung ihrer üppigsten Reize sich gegenseitig zu überbieten suchen, ist das eigentliche Wesen der Oper. Welch' eine Opern= musik wäre das, welche die Worte mit den einfachsten Modulationen blos rhythmisch begleitete? In dem schwel= gerischen Wetteifer der Darstellungsmittel, in der Ver= wirrung des Ueberflusses liegt gerade der phantastische Zauber. Dieser würde durch Annäherung an die Strenge des antiken Geschmackes in irgend einem Punkte, wäre es auch nur im Costüm, gestört werden; denn nun wäre jene Buntheit in allem Uebrigen auch nicht zu dulden. Vielmehr passen sich für die Oper glänzende, mit Flitter= putz überladene Trachten. Dadurch werden so manche gerügte Unnatürlichkeiten, z. B., daß die Helden in der größten Verzweiflung mit Coloraturen und Trillern abgehen, wieder gehoben. Es sind keine wirklichen Men= schen, sondern eine seltsame Art singender Geschöpfe be=

völkert diese Feenwelt. Auch schadet es nicht, daß die
Oper uns in einer meist nicht verstandenen Sprache
vorgetragen wird; der Text geht ja ohnehin in solcher
Musik verloren; es kommt blos darauf an, welche
Sprache die tönendste und wohllautendste ist, die für
die Arien am meisten offene Vocale und lebhafte Accente
für das Recitativ hat. Man würde also ebenfalls Un=
recht haben, wenn man die Oper der Einfachheit der
griechischen Tragödie annähern wollte, als es verkehrt
ist, diese mit jener zu vergleichen." So urtheilte ein
Mann von dem Ansehen und der Bedeutung August
Wilhelm Schlegels über die Oper!

Tiecks lyrische Gedichte bilden einen seltsamen Con=
trast zu seiner leidenschaftlichen Musikschwärmerei, es
fehlt ihnen die rhythmische Bewegung, der musikalische
Fluß und ihre Sprache erinnert sehr oft an die ge=
wöhnlichste Prosa. Offenbar war sein romantischer Ge=
nosse Novalis mit weit feinerem musikalischen Empfinden
ausgerüstet. Seine „Hymnen an die Nacht" gehören zu
den Perlen der deutschen Lyrik. Indem wir sie lesen
und die Gewalt und Tiefe ihrer Sprache bewundern,
begleitet uns eine geheimnißvolle Musik, und jede Hymne
berührt uns wie ein Weihgesang, wie das Hohelied
frommer Begeisterung. Goethe hatte Tiecks Künstler=
roman „Franz Sternbald" eine musikalische Wanderung
„wegen seiner musikalischen Empfindungen und An=
regungen" genannt. Bei allen Romanen und Novellen
der romantischen Epoche tritt die Absicht hervor, musi=

kalische Stimmungsbilder zu schaffen und die Musik zu
Hülfe zu rufen, wo die Sprache ihren Dienst zu ver=
sagen und die Handlung ihre Stärke zu verlieren scheint.
Eichendorffs Novelle „Aus dem Leben eines Tauge=
nichts" ist nichts Anderes als eine musikalische Wande=
rung im Goethe'schen Sinne. Das Volksthümliche, Ge=
müth= und Klangvolle in Eichendorffs Lyrik drängt
geradezu zur musikalischen Gestaltung. Eine ganze Reihe
bedeutender Componisten, darunter Felix Mendelssohn=
Bartholdy*), haben Eichendorffs Gedichte in Musik gesetzt.

Die Herausgabe der deutschen Volkslieder „Des
Knaben Wunderhorn" von Arnim und Brentano war
die bedeutendste That der Spätromantik. „Der Reich=
thum dieses nationalen Gesanges," kündigte Achim von
Arnim das Werk an, „wird der allgemeinen Aufmerk=
samkeit nicht entgehen, es wird Viele überraschen, manche
Bemühung unserer Zeit ergänzen oder aufheben. Wir
erwarten sehr viel von der festen, freudigen Lebensweise
dieser Lieder, einen mannigfaltigen, volleren Ton in der
Poesie, einen Anklang von bestimmten, echt eigenen
Gedanken; in Anderem eine Anregung mancher halb=
vergessenen Jugenderinnerung; sie werden nicht blos ge=
lesen, sondern sie werden behalten und nachgesungen
werden." Es ist das unvergängliche Verdienst Arnims
und Brentano's, „die Theilnahme für unser Volkslied

---

*) Mendelssohn pflegte stets ein Exemplar der Eichendorff=
schen Gedichte bei sich zu führen.

in weiten Kreisen verbreitet und in dieser Hinsicht eine
fortwirkende Anregung gegeben zu haben". Görres sagt,
das Wunderhorn habe zur Weckung des deutschen Be=
wußtseins nicht am wenigsten beigetragen. „Wie viele
Dichter haben nicht aus diesem Brunnen geschöpft; in
wie viele Schriften hat sich nicht, was Clemens Bren=
tano und Achim von Arnim gesammelt, wieder als
Samenkörner zerstreut; wie viele Componisten haben
beim Schalle jenes Wunderhorns nicht zu singen an=
gefangen; Lieder, die seit Jahrhunderten vergessen und
verschollen waren, sind auf diese Weise wieder, was sie
ursprünglich waren, Volkslieder geworden und im Munde
Aller erklungen." Den Kernpunkt traf Goethe, wenn er
in der Jenaischen Allgemeinen Literaturzeitung (1806,
No. 18, 19) urtheilte: „Am Besten läge dieser Band
auf dem Clavier des Liebhabers oder Meisters der Ton=
kunst, um den darin enthaltenen Liedern entweder mit
bekannten, hergebrachten Melodien ganz ihr Recht wider=
fahren zu lassen, oder ihnen schickliche Weisen anzu=
schmiegen oder, wenn Gott wollte, neue bedeutende
Melodien durch sie herauszulocken. Würden dann diese
Lieder nach und nach in ihrem eigenen Ton= und Klang=
element von Ohr zu Ohr, von Mund zu Mund ge=
tragen, kehrten sie, allmälig belebt und verherrlicht,
zum Volke zurück, von dem sie zum Theil gewisser=
maßen ausgegangen: so könnte man sagen, das Büch=
lein habe seine Bestimmung erfüllt und könne nun
wieder, als geschrieben und gedruckt, verloren gehen,

weil es in Leben und Bildung der Nation über=
gegangen."

Am 20. Januar 1859 starb Bettina von Arnim,
die letzte Vertreterin der romantischen Epoche. Natur=
und Musikschwärmerei finden sich in ihrer Individualität
vereinigt, aber das Unendliche im Endlichen, das Genie
in jeder Kunst ist ihr die Musik. „Im Geiste," schreibt
sie an die Günderode, „seh' ich mich nach Klang um;
wenn ich etwas sagen will, da find' ich keinen Ton,
der stimmt, und Du kannst mir's glauben, Manches lasse
ich ungesagt, weil ich's nicht edel genug auszusprechen
vermag, durch Musik hab' ich herausgefühlt, daß aller
Geist im Menschen liegt, daß er aber nicht die Melodie
dazu findet, ihn auszusprechen. Denn jeder Gedanke
hat eine Verklärung, das ist Musik, die muß Sprache
sein, alle Sprache muß Musik sein, die erst ist der Geist,
nicht der Inhalt, der wird nur Liebesgespräch durch die
Musik der Sprache." An einer anderen Stelle heißt
es: „Musik bringt Alles in Einklang, sie donnert durch
die hellsternige Nacht ihren gewaltigen Strom, dann
tanzt sie hin und grüßt mit jeder Well' die Blum', die
da heimlich blüht am Ufer. Wenn dann die Wolken
vom Windsturm daher gejagt kommen, dann werden sie
als gleich, als von ihrem Hauch bezaubert; der Regen
rollt Perlen unter ihrem tanzenden Schritt, beim leuch=
tenden Blitz vom Donner durch die schwarze Nacht ge=
schnellt, die er mit schallenden Schwingen durchrast, das
ist alles ein Hymnus mit der Musik." In ihren Briefen

an Goethe (Briefwechsel mit einem Kinde) phantasirt Bettina fast ununterbrochen über die Musik: „Wo kommen sie her, diese Geister der Musik? Aus des Menschen Brust; er schaut sich selber an, der Meister; das ist die Gewalt, die den Geist citirt. Er steigt hervor aus unendlicher Tiefe des Innern, und sie sehen sich scharf an, der Meister und der Geist, — das ist die Begeisterung; so sieht der göttliche Geist die Natur an, davon sie blüht. Da blühen Geister aus dem Geist; sie umschlingen einander, sie strömen aus, sie trinken einander, sie gebären einander, ihr Tanz ist Form, Ge= bild; wir sehen sie nicht — wir empfinden's und unter= werfen uns seiner himmlischen Gewalt; und indem wir dies thun, erleiden wir eine Einwirkung, die uns heilt, — das ist Musik." Es ist nicht möglich, diese Expec= torationen theoretisch zu concentriren und Goethe hatte vollkommen recht, wenn er darauf bedacht war, sich „gegen die reißende Fluth dieser Gedanken" sicher zu stellen. Bettina's musikalische Ekstase erreichte den höchsten Grad, als sie Beethovens persönliche Bekannt= schaft machte. „Ich irre nicht," schreibt sie an Goethe, „wenn ich ausspreche, was jetzt vielleicht Keiner versteht und glaubt, Beethoven schreitet weit der Bildung der ganzen Menschheit voran, und ob wir ihn je einholen? Ich zweifle; möge er nur leben, bis das gewaltige und erhabene Räthsel, was in seinem Geiste liegt, zu seiner höchsten Vollendung herangereift ist, ja möge er sein höchstes Ziel erreichen, gewiß, dann läßt er den Schlüssel

zu einer himmlischen Erkenntniß in unseren Händen,
die uns der wahren Seligkeit um eine Stufe näher
rückt. — O Goethe, kein Kaiser und kein König hat
so das Bewußtsein seiner Macht, wie dieser Beethoven.
— Man möchte weissagen, daß ein solcher Geist in
späterer Vollendung als Weltherrscher wieder auftreten
werde."

Das geistige Element, das die romantische Bewegung vertiefte, fand in Beethovens Symphonien die erhabenste musikalische Ergänzung. Das Volksthümliche,
Naive und Phantastische der romantischen Dichtung klang
in den Opern Webers und Marschners wieder. Aus dem
neusprudelnden Quell des deutschen Volksliedes schöpften
Schubert, Mendelssohn und Schumann ihre herrlichen
Melodien. Aber erst ein Genie von der zwingenden
Gewalt Richard Wagners war im Stande, den gesammten Ideengehalt der romantischen Epoche in sich
aufzunehmen und ihm in seinen Werken den vollendetsten
künstlerischen Ausdruck zu leihen.

E. T. A. Hoffmann

E. T. A. Hoffmann.

Zu der künstlerischen Erscheinung E. T. A. Hoff=
manns tritt uns das musikalische Element als der
Grundzug seiner Wesenheit entgegen. Sein ganzes
Wesen zerfloß, wie er selbst in sein Tagebuch schrieb,
in einem Strome „musikalisch=exaltirter romanesker
Stimmungen". „So wie nach dem Ausspruch eines
geistreichen Physikers," heißt es in der „Kreisleriana",
„Hören ein Sehen von innen ist, so wird mir das
Sehen ein Hören von innen, nämlich zum innerlichsten
Bewußtsein der Musik, die, mit meinem Geiste gleich=
mäßig vibrirend, aus Allem ertönt, was mein Auge er=
faßt." So vielseitig Hoffmanns Begabung als Maler
Dichter und Musiker zur Geltung kam, so mußte sich
in der Welt des Dämonischen und Phantastischen, die
ihn gefangen hielt, sein Talent am leidenschaftlichsten
in der Musik manifestiren. Zum Maler fehlten ihm

die plastische Kraft und das Organ natürlicher An=
schauung. Die Gestalten seiner wunderbaren dichterischen
Phantasie sind dem literarischen Feinschmecker an der
Neige unsres Jahrhunderts noch wohlvertraut; aber
ganz mit Unrecht sind seine musikalischen Compositionen,
deren Bedeutung kein Schlechterer als Karl Maria v.
Weber gefeiert hat, der Vergessenheit anheimgefallen.
Es gewährt ein besonderes Interesse, die musikalischen
Stationen auf der merkwürdigen Lebenspilgerfahrt des
geistvollen Mannes kennen zu lernen.

Trübe Erinnerungen an seine früheste Kindheit be=
gleiteten Hoffmann in's Leben hinaus. Er hatte kaum
sein drittes Lebensjahr zurückgelegt, als die unglückliche
Ehe seiner Eltern getrennt wurde. Seine Erziehung
in Königsberg leitete ein Bruder seiner Mutter, Justiz=
rath Dörffert. Dieser ertheilte ihm auch den ersten
Musikunterricht. Der 6jährige Knabe phantasirte auf
dem Flügel und versuchte sich in der eigenen Com=
position. Später leitete der Componist und Organist
Podbielsky seinen musikalischen Bildungsgang. Als
angehender Student lernte er Mozarts Don Juan
kennen. „Den Don Juan," schreibt er, „habe ich jetzt
auch eigenthümlich — er macht mir manche selige Stunden,
ich fange an, jetzt mehr und mehr Mozarts wahrhaft
großen Geist in der Composition zu durchschauen, Du
sollst gar nicht glauben, wie viel neue Schönheiten sich
dem Ohr des Spielers entwickeln, wenn er auch nicht
die geringste Kleinigkeit vorüberschlüpfen läßt und mit

einer Art von tiefem Studium zu jedem einzelnen Tact
den gehörigen Ausdruck sucht. — Das Anschwellen von
sanfter Melodie bis zum Rauschenden, bis zum Er=
schütternden des Donners, die sanften Klagetöne, der
Ausbruch der wüthendsten Verzweiflung, das Majestätische,
das Edle des Helden, die Angst des Verbrechers, das
Abwechseln der Leidenschaften in seiner Seele, Alles
dieses findest Du in dieser einzigen Musik, — sie ist
allumfassend und zeigt Dir den Geist des Componisten
in allen möglichen Modificationen. Noch sechs Wochen
wollte ich Don Juan studiren und Dir ihn dann auf
einem englischen Fortepiano vorspielen, wahrhaftig
Freund, Du säßest still und ruhig von vorne an bis
zu Ende und würdest ihn noch viele Zeit in Deinem
noch dazu unmusikalischen Gehirn behalten. Denn da
würdest Du noch mehr die Schönheit fühlen, wie
in der Comödie; man ist da viel zu zerstreut, um
Alles gehörig zu bemerken." In dem Phantasiestück
„Don Juan" hat Hoffmann bekanntlich Mozarts
Meisterwerk in Worten glühendster Begeisterung ge=
feiert.

Einem kleinen musikalischen Kreise, den er regel=
mäßig in Königsberg während seiner Studienjahre um
sich versammelte, trug er seine Compositionen vor.
„Meine kleinen Concerte," meldet er, „dauern noch fort,
und neulich legte ich den Anfang eines Motetts von
eigener Composition auf, aber den Text dazu wirst Du
schwerlich rathen, er ist aus Goethe's Faust — judex

ille cum sedebit u. s. w., die Worte des Mädchens
sind begleitendes Recitativ, — das Judex u. s. w. voll=
stimmig, meinte J. (so wie ich's nämlich auch geschrieben
habe, eine Strophe bloß mit Posaunen, Fagotts und
Hoboen und dann erst fugenmäßig die Orgel und andere
Stimmen), müßte eine schauervolle Wirkung thun. —
Wohnt' ich an einem katholischen Orte, so ließ ich die
Recitative weg, componirte ein paar Fugen dazu und
hätte dann Hoffnung, es in der Kirche aufführen zu
hören. — Habe ich mich erst wieder mehr in der Com=
position geübt, so mach' ich mich über Claudine von
Villa bella her. Du glaubst überhaupt gar nicht, wie
mich jetzt die Furie der Composition in Musik, Roman=
schreiberei 2c. anpackt! — Das Beste ist, daß ich Alles
das, was mir nicht gut dünkt, in's Feuer werfe."
Hoffmanns Composition aus Faust bezieht sich auf die
Domscene. Gretchen, vom bösen Geist verfolgt, bricht
ohnmächtig in der Kirche zusammen. Der Chor ist
nicht ganz richtig citirt, die Worte lauten:

Judex ergo cum sedebit
Quidquid latet adparebit
Nil inultum remanebit.

Voraussichtlich ist die unvollendete Motette wie viele
andere Compositionen Hoffmanns aus dieser Zeit ver=
loren gegangen. Unglückliche Familienverhältnisse störten
seine Schaffensfreude und drückten seine Stimmung
herab. „Alle meine Lieblingsarbeiten," klagt er, „liegen
unvollendet, ich habe nicht den Muth, die Stimmung,

sie fortzusetzen. Meine Phantasie ist erschlafft und mein Geist erliegt unter dem Drucke der niedrigsten Verhält= nisse. Sogar meine Compositionen bleiben unvollendet, ich bin nicht im Stande, mich in den Geist des An= fanges zu versetzen. Wie glücklich war ich, als ich das Motett Judex ille cum etc. zu componiren anfing, — es ist fertig bis auf die Fuge, die erst angefangen ist und das Schluß=Chor. Wir wollten es auf Weihnacht singen, aber es ist mir nicht möglich, es fertig zu machen."

Im Sommer 1796 nahm Hoffmann von Königs= berg Abschied. Seine juristische Laufbahn führte ihn in raschem Wechsel nach Glogau, Berlin und Posen;*) 1802 erhielt er als Rath bei der Regierung zu Plozk, einem kleinen traurigen Nest im damaligen Neuost= Preußen, Anstellung. So freudlos und erbärmlich ihm dort das Leben hinschlich, regte sich doch wieder die unbezwingbare Neigung zur musikalischen Composition. „Eine bunte Welt," schreibt er, „voll magischer Er= scheinungen flimmert und flackert um mich her, — es ist, als müsse sich bald was Großes ereignen, — irgend ein Kunstproduct müsse aus dem Chaos hervorgehen! Ob das nun ein Buch, eine Oper, ein Gemälde sein wird — quod diis placebit; meinst Du nicht, ich müsse noch einmal den Großkanzler fragen, ob ich zum Maler

---

*) In Posen componirte er Goethe's Singspiel „Scherz, List und Rache" und brachte es auf die dortige Bühne.

oder zum Musiker organisirt bin? Aber um dem Dinge näher zu kommen, gestern habe ich eine komische Oper gemacht und heute Morgen — es war noch finster — ungefähr 5 Uhr — die Musik dazu. Aufgeschrieben ist noch nichts, das wird auch wohl noch etwas länger dauern." In der That begann er damals die Composition einer komischen Oper in 2 Aufzügen: „Der Renegat" und eines Singspiels „Faustine," in dessen Mittelpunkt die berühmte Faustina Hasse stand. Das Tagebuch berichtet (vom 2. October 1803): „Mit meinen musikalischen Ideen geht's mir so wie mit Savonarola's, des Märtyrers zu Florenz, Eingebungen, dessen Geschichte ich dieser Tage las. Erst schwirrt's mir wild im Kopf herum, dann fange ich an zu fasten und zu beten, d. h. ich setze mich an's Clavier, drücke die Augen zu, enthalte mich aller profanen Ideen und richte meinen Geist auf die musikalischen Erscheinungen in den vier Wänden meines Hirns. Bald steht die Idee klar da, ich fasse und schreibe sie auf, wie Savonarola seine Prophezeiungen. Ob's nur andere Componisten auch so machen mögen? Aber das erfährt ein Königlich Preußischer Regierungsrath in Plozk nicht."

Während seines Exils in dem polnischen Flecken componirte er für Klöster einige Messen und Vespern, ferner mehrere Clavierstücke und Sonaten. Ein musikalisches Kränzchen brachte etwas Abwechslung in die Einförmigkeit seines Daseins. Im Tagebuch meldet er: „In einem musikalischen Cirkel gewesen. Es wurden

auch einige Quadras von Haydn gemacht. Erbärmlich,
wie gewöhnlich alle Musik hier; aber der himmlische,
originelle Gang der Harmonie entzückte mich doch.
Haydn würde unendlich groß sein in der Instrumental=
musik, wenn er das Tändeln ließe. Alle diese Tände=
leien in seinen Quartetten verunzieren das Ganze. —
Ich quäle mich mit einer Idee zum Trio für Forte=
piano, Violine und Cello. Meinem Bedünken nach
werde ich in diesem Genre etwas leisten. Haydn soll
mein Meister sein, sowie in der Vocalmusik Händel und
Mozart. Ich schließe mit dem Stoßseufzer, der meine
tägliche Litanei ist: wann werde ich meine Freiheit er=
halten!" Und endlich zu Beginn des Jahres 1804 kam
mit seiner Berufung an die Regierung nach Warschau
die ersehnte Stunde der Freiheit. Jubelnd schrieb er
in sein Tagebuch: „Das Versetzungs=Rescript erhalten.
Große Generalpause. Geschlossen bis zur Ankunft in
Warschau."

Warschau war nach der dritten Theilung Polens
— freilich nur für kurze Zeit — in den Besitz Preußens
übergegangen. Die Stadt hatte trotz der Fremdherr=
schaft nichts von ihrem Glanz und von ihrer Pracht
eingebüßt. Ohne sein Amt nur im Entferntesten zu ver=
nachlässigen, trieb Hoffmann mit vollen Segeln auf dem
Strom des bewegten großstädtischen Lebens dahin.
„Eine bunte Welt," schreibt er an seinen Freund Hippel,
„zu geräuschvoll, zu toll, zu wild, alles durcheinander.
Wo nehme ich Muße her, um zu schreiben, zu zeichnen,

12*

zu componiren!" Ein Musikenthusiast unter den Be-
amten der preußischen Regierung gründete eine musikalische Vergnügungsgesellschaft, für die sich eine außerordentlich große Zahl von Theilnehmern fand. Hoffmann trat alsbald an die Spitze des Unternehmens.
Die Gesellschaft kaufte den Muiszek'schen Palast, und
am 3. August 1806 konnte in dem prachtvollen Concert-
saal die erste musikalische Aufführung stattfinden. „Hier
sah das Publicum," schreibt Hoffmanns vertrauter
Freund Hitzig, „Hoffmann zuerst dirigiren, und bewunderte, wie ruhig und gemessen er sich ungeachtet
seiner quecksilbernen Beweglichkeit dabei zu benehmen
verstand. Seine Tempos waren feurig und rasch, aber
ohne alle Uebertreibung, und in der Folgezeit urtheilte
man von ihm, daß wohl nicht leicht ein Dirigent in
Mozart'schen Compositionen ihn übertroffen haben
würde, wenn er sich mit einem guten Orchester hätte
zeigen können. Mozart hatte er damals schon bis
in die kleinsten Nuancen studirt und wußte seine
Schönheiten auf die angenehmste Art zu entwickeln
und in Worten anschaulich zu machen. Nächst Mozart
waren Gluck und Cherubini, in Kirchensachen aber
die alten Italiener, sowie Haydn seine Meister, mit
denen er sich unablässig beschäftigte und über die
er sich gern unterhielt. Auch von Beethoven ließ er
damals schon eine Symphonie aufführen, von welcher
er sehr erfüllt war." Hoffmann war mitten in seinem
Element. Er componirte eine komische Oper in einem

Acte „Der Kanonikus von Mailand", eine romantische Oper in drei Acten: „Schärpe und Blume" nach Calderon, wozu er selbst die Libretti geschrieben oder umgedichtet hatte, ferner die vollständige Musik zu Werners Trauerspiel „Das Kreuz an der Ostsee", endlich „Die lustigen Musikanten" von Brentano. Ueber letztere Oper schreibt er: „Im December v. Js. componirte ich eine äußerst geniale Oper von Clemens Brentano: Die lustigen Musikanten, welche im April d. Js. auf das hiesige deutsche Theater gebracht wurde. Der Text mißfiel; es war Caviar für das Volk, wie Hamlet sagt; von der Musik urtheilten sie günstiger, sie nannten sie feurig durchdacht; nur zu kritisch und zu wild; in der eleganten Zeitung wurde ich dieser Composition wegen ein kunstverständiger Mann genannt." Seinem Singspiel „Die lustigen Musikanten" hatte Brentano das Geleitwort mitgegeben: „Es würde mich freuen, wenn irgend ein Tonkünstler aus diesem kleinen Versuche mir einiges Talent für musikalische Poesie zuspräche und sich mit mir zu einer größern Oper, deren Charakter ich mir gern vorschreiben lasse, verbinden möchte." Das Libretto ist unbedeutend, die poetische Sprache darin erinnert an die abgeschmackte italienische Manier. Man darf billiger Weise erstaunt sein, daß sich Hoffmann durch diese Dichtung zur Composition angeregt fühlte.

Am 14. October 1806 war die Entscheidung bei Jena gefallen. Die Franzosen unter Murat marschirten

in Warschau ein und forderten die Polen auf, das Joch
der preußischen Herrschaft abzuschütteln. Warschau
wurde der Mittelpunkt der polnischen Insurrection,
Preußens Regiment hatte ein Ende. Mit allen Be=
amten der seitherigen Regierung verlor auch Hoffmann
seine Stelle. Ein gefährliches Nervenfieber warf ihn
auf's Krankenlager. Kaum genesen, ging er an die Com=
position der bereits genannten Oper „Die Schärpe und
die Blume". „Mit erneuter Kraft," schreibt er an
Hitzig, „und mit einem Humor, der mir selbst unbe=
greiflich ist, arbeite ich jetzt an einer Oper, von der ich
wünschte, sie wäre die erste, die von mir auf irgend
einem großen Theater erschiene, denn ich fühle es zu
sehr, daß sie alle meine Compositionen hinter sich lassen
wird. Der Text ist kein anderer als Calderons: Die
Schärpe und die Blume. Der Himmel hat mich bis
jetzt mit einer ganz unglaublichen Blindheit gestraft,
daß ich die geborenen Arien, Duetts, Terzetts rc. in
dem herrlichen Stück nicht gesehen habe, in der Krank=
heit ist mir ein Licht darüber aufgegangen. Mit ganz
geringen Abänderungen, Abkürzungen und fast unbe=
merkbaren Einschiebseln hat sich das Schauspiel von
selbst unter meinen Händen zur Oper geformt. Das
Komische des Stoffs ist so höchst poetisch, daß die Musik
dazu nur so gegriffen werden kann, wie in Mozarts
Così fan tutte und Figaro, und das ist mir denn nun
gerade recht. Seit der Zeit, daß ich componire, vergesse
ich oft meine Sorge, — die ganze Welt, denn die

Welt aus tausend Harmonien geformt, auf meiner Stube, an meinem Clavier verträgt sich mit keiner anderen außerhalb." —- Die Arbeit schritt rasch voran und half über die Bedrängnisse der Gegenwart hinweg: „Wie gerne würde ich mich mit Ihnen (Hitzig) und Werner recht aussprechen über den herrlichen poetischen Stoff, über die Gemüthlichkeit, die sich vorzüglich im ersten Act bei dem Erscheinen der Damen über das Ganze verbreitet, indessen werde ich's, will's das Schicksal, das Alles künftig nachholen können und zwar mit der fertigen Partitur auf dem Clavier. Ganz herrlich ist es auch, daß ich keine gewöhnliche Liebhaberrolle im Stück habe, denn Enrico ist es durchaus nicht, Ottavio zu unbedeutend eingreifend, er ist nur da, um sich zu ärgern und sich mit Enrico zu schlagen. Des Herzogs Sonett habe ich componirt, Lifida's Sonett hingegen ausgelassen, weil ein Wagstück selten zweimal gelingt. Sagen Sie Werner, daß ich noch immer darauf rechne, daß er, wenn ich erst einigen Ruf haben werde, mir den Faust machen wird; wenn er es auch nicht thun will, so mag ich doch die Lieblingsidee nicht aufgeben, indem ich in mancher Stunde schon am Clavier für den Faust componire. Gewisse Phantasien werden nämlich von einer gewissen unbekannten Stimme, die ich sehr deutlich höre, so rubricirt: für den Faust. Da habe ich Ihnen nun viel, viel von meinem Werk und meiner Kunst geschrieben, indessen: wovon das Herz voll ist 2c. Nun setze ich noch hinzu, daß wir jetzt das schönste Frühlingswetter haben und daß ich darauf hoffe, daß es bald grün werden wird, damit ich wieder in den schönen Lazienker Alleen auf neue Melodien sinnen kann."

Das Schauspiel „Die Schärpe und die Blume" (La banda y la flor) von Calderon lag Hoffmann in der Uebersetzung von August Wilhelm Schlegel vor. Die etwas lang ausgesponnene Fabel behandelt ein anmuthiges Liebesspiel zwischen dem Edelmann Enrico, dem Herzog von Florenz und dem Schwesternpaar Lisida und Cloris. Hoffmanns Textumdichtung war nur eine Zusammenziehung der einzelnen Scenen in opernmäßige Form. Während die Oper, der er den neuen Titel „Liebe und Eifersucht" voransetzte, ihrer Vollendung entgegenging, faßte der Königliche Regierungs= rath a. D. den ernsthaften Entschluß, nach Wien über= zusiedeln und dort seinem künstlerischen Berufe zu leben. „Meine Oper," meldet er am 14. Mai 1807 Hitzig, „rückt vor, und es wäre herrlich, wenn ich sie vollendet nach Wien mitnehmen könnte; indessen sind meine Ouverturen, meine Symphonie und meine Messe hin= länglich, mich bei der competenten Behörde als Com= ponist auszuweisen." Im entscheidenden Augenblicke fehlten ihm die Geldmittel, um die Reise nach Wien wagen zu können, und er wandte sich — freilich ver= gebens — nach Berlin, in der Hoffnung, dort wieder bei der Regierung eine Anstellung zu erhalten. In seiner kümmerlichen Lage blieb ihm nichts Anderes übrig, als sich um eine Musikdirectorstelle zu bewerben. Im

Reichsanzeiger erließ er folgende Anerbietung: „Jemand, der in dem theoretischen und praktischen Theil der Musik vollkommen unterrichtet ist, selbst für das Theater bedeutende Compositionen geliefert und einer bedeutenden musikalischen Anstalt als Director mit Beifall vor= gestanden hat, wünscht als Musikdirector bei einem wo= möglich stehenden Theater unterzukommen. Außer den genannten Kenntnissen ist er mit dem Theaterwesen und seinen Erfordernissen völlig vertraut, versteht sich auf die Anordnung der Decorationen und des Costüms und ist außer der deutschen, auch der französischen und italienischen Sprache gewachsen. Sollte der Unter= nehmer irgend eines Theaters eines solchen Subjectes benöthigt sein, so bittet man ihn, sich in postfreien Briefen an — (Adresse) — zu wenden, wo er die näheren Bedingungen, welche auf jeden Fall billig sein werden, erfahren kann." Der Erfolg auf die Anzeige in einem damals ziemlich verbreiteten Blatte ließ nicht lange auf sich warten. Der Reichsgraf v. Soden, unter dessen Auspicien das Stadttheater zu Bamberg stand, bot Hoffmann die Stelle eines Musikdirectors an. Dieser griff mit Freuden zu. Gleichsam zu seiner künstlerischen Rechtfertigung componirte er in wenigen Wochen eine vieractige romantische Oper des Grafen, „Der Trank der Unsterblichkeit", und traf im Sommer 1808 in Bamberg ein*). Gleich bei seiner Ankunft er=

---

*) Zwei Sonaten und ein Harfenquintett, vor seiner Abreise componirt, gingen in den Verlag von Nägeli in Zürich über.

lebte er die bittere Enttäuschung, daß der Graf v. Soden, auf dessen Unterstützung er seine Hoffnung gesetzt, die Leitung des Stadttheaters dem Director Cuno über= lassen und sich selbst nach Würzburg zurückgezogen hatte. An ein Zusammenwirken mit Cuno war nicht zu denken, nach zwei Monaten hatte die Capellmeister= herrlichkeit ein Ende; Hoffmann verpflichtete sich nur, gegen eine Monatsgage von 30 Gulden die Gelegenheits= stücke, Märsche und Chöre für das Theater zu com= poniren. Da sich Cuno sehr bald zahlungsunfähig er= klärte, hatte sein Personal das Nachsehen. An Hitzig schrieb Hoffmann: „Hört das Theater hier ganz auf, so erwerbe ich doch durch Unterricht und Componiren mein nothdürftiges Brod und werde das schöne Bam= berg nicht verlassen, bis ich etwa ein fixirtes Unter= kommen bei einer fürstlichen oder königlichen Capelle finde, wozu sich vielleicht nach den Versicherungen meiner hiesigen Gönner eine Aussicht öffnen könnte." Ueber die dringendste Sorge half nun der Musikunterricht hinweg, allein seine Einkünfte waren sehr dürftig, und bei seiner excentrischen Natur brachten ihn die talent= losen Schüler zur Verzweiflung. Im „Kater Murr" hat er seine Leidensgeschichte als Musiklehrer lebens= wahr aufgezeichnet. Zur guten Zeit wandte er sich an Rochlitz in Leipzig, der eine musikalische Zeitung her= ausgab, und trug ihm seine Mitarbeiterschaft an. Zu seiner Beglaubigung überschickte er ein Requiem, das er nach dem Vorbild des Mozart'schen componirt hatte.

„Wie nahe es auch," urtheilt Rochlitz darüber, „an
Mozarts Requiem erinnert, nach welchem es gearbeitet
worden, so fehlt es ihm doch nicht an Originalität der
Erfindung und noch weniger an Innigkeit und Kraft
des Ausdrucks; die Ausführung des Technischen aber —
bedenkt man, daß es eines Dilettanten erstes Probe-
stück in diesem Stile ist — muß man bewundern."
Rochlitz ging sofort auf Hoffmanns Vorschläge ein und
setzte ihm für die zu erwartenden Beiträge ein ange-
messenes Honorar aus. In kurzer Frist erschienen die
Phantasiestücke in Callots Manier, die Hoffmanns literarischen Ruhm begründen sollten. In sein Tagebuch
vermerkt er: „Meine literarische Carriere scheint beginnen zu wollen." Dabei beschäftigte ihn ununterbrochen die musikalische Composition. Für den Groß-
herzog von Würzburg componirte er ein Miserere, für
das Bamberger Theater die Kotzebue'sche Oper „Das
Gespenst", ein Melodram des Grafen Soden „Dirna"
und ein Trio in E-dur. In seinem Diarium heißt
es: „Das Gespenst aufgeführt, total mißrathene Darstellung, — dem Auspfeifen nahe." Das Melodram
„Dirna" ging am 11. October 1809 mit großem Erfolge über die Bamberger Bühne, der Componist wurde
am Schluß hervorgerufen. 1810 übernahm der Dichter
Holbein, mit dem Hoffmann vor Jahren in Glogau
Freundschaft geschlossen hatte, das Stadttheater in
Bamberg. Unter seiner verständigen und thatkräftigen
Leitung nahm das Unternehmen einen lebhaften Auf-

schwung. Hoffmann trat mit einem monatlichen Ge=
halte von 50 Gulden in die Direction ein. An größeren
Compositionen lieferte er in diesem Jahre eine Oper
„Aurora" vom Grafen Soden und ein Melodram
„Saul". 1811 lernte er Karl Maria v. Weber kennen.
Holbein legte 1812 bereits sein kurz verwaltetes Amt
als Theaterdirector nieder, bei seinem Scheiden von
Bamberg klopfte die Noth wieder an Hoffmanns Thüre.
Das Tagebuch bringt die Notiz: „Den alten Rock ver=
kauft, um nur essen zu können."

„Nur der mir inwohnende Genius der Musik,"
sprach er zuversichtlich aus, „kann mich aus meiner
Misère reißen, es muß jetzt etwas geschehen, etwas
Großes muß geschaffen werden im Geiste der Händel,
Bach, Mozart, Beethoven." Fouqué's Undine, die man
ihm vorlas, ließ den Plan in ihm reifen, die Erzählung
zu bearbeiten und eine große Oper zu componiren.
Hitzig in Berlin, dem er seine Gedanken vertraute, ver=
anlaßte Fouqué selbst, das Libretto zu dichten. „Ihre
Nachrichten," schreibt Hoffmann an Hitzig, „von Fouqué
und Undine haben mir eine wahrhaft kindische Freude
verursacht. Zu allen meinen Freunden bin ich gelaufen
mit Ihrem Briefe in der Tasche, und in dem edelsten
Rheinwein hat Freund K. (der Buch= und Weinhändler
Kunz) mir die Vereinigung mit Fouqué zu einem Kunst=
product zugetrunken. Mach' ich keine gescheute Compo=
sition, so bin ich ein Esel und es soll forthin nicht
mehr von mir die Rede sein unter gemüthlichen Menschen

und Freunden. Wie sehr, wie gar sehr habe ich Ihnen, mein lieber theuerster Freund, für Ihre Bemühungen zu danken; ich fühle es ganz, welch' seltenes Glück mir dadurch beschieden, daß ein Dichter wie Fouqué für meine Noten arbeitet. Ich schicke Ihnen den offenen Brief an ihn nebst Opernplan. Haben Sie die Güte, ihm (dem Fouqué nämlich, nicht dem Opernplane) zu insinuiren, daß vorzüglich gedrängte Kürze bei Opern-sujets nöthig sei; ich habe nichts sagen mögen, um nicht anmaßend zu erscheinen. Seine Verse sind übrigens so musikalisch, daß ich nicht die mindeste Sorge für's Componiren trage; hat er Bedenken Rücksichts der Ter-zette, Quartette rc., so ist jedes Schikaneder'sche Opern-buch zum Orientiren am besten, weil gerade dieser homuncio das für den Componisten Vortheilhafteste an der Form am besten weg hat." Am 14. November 1812 bringt das Tagebuch die Notiz: „Die Undine von Fouqué erhalten, höchst vortreffliches Meisterwerk; sie den Freunden vorgelesen, höchst glückliche Stimmung!!" Während er mit frischen Kräften an's Werk ging, traf unerwartet von Königsberg eine beträchtliche Erbschaft ein, die ihn für die nächste Zeit aller Sorgen enthob. Im April 1813 folgte er einem Rufe Joseph Seconda's, der ihm die Musikdirectorstelle bei seiner Operngesell-schaft in Dresden angeboten hatte. „Den Brief er-halten," meldet das Tagebuch, „der meine Anstellung bei Seconda richtig macht. Große Freude!" Als Hoff-mann nach mancherlei Abenteuern Dresden erreicht hatte, fand er die Stadt von den Franzosen besetzt. Seconda weilte in Leipzig und sein Musikdirector mußte ihm dorthin folgen. Die Operngesellschaft gab abwechselnd in Leipzig und in Dresden Vorstellungen. Das mühselige Wanderleben und die angestrengteste Thätigkeit hatten Hoffmanns Kräfte bald erschöpft. „Mit meiner Gesundheit," schreibt er nach überstandener Krankheit an Kunz in Bamberg, „geht es besser, nur muß ich in diesem Augenblicke beinahe zuviel arbeiten, da schwere Oper auf schwere Oper folgt. Iphigenia, Faniska, Sylvana, Cortez, es ist zu arg! — ‚Undine‘ sind zwei Acte fertig, ich arbeite ungeheuer, was kann man in böser Zeit besseres thun!" Napoleon hatte Dresden zum Mittelpunkte seiner militärischen Operationen gemacht und dort eine glänzende Suite zusammengezogen. Eine italienische Operngesellschaft trat mit der Seconda'schen in Concurrenz, aber Hoffmanns Briefe aus dieser bewegten Zeit bezeugen, daß er stets mit großen Erfolgen vor ausverkauftem Hause dirigirte. Dessenungeachtet warf er zu Beginn des Jahres 1814 in einer erregten Stunde Seconda den Dirigentenstab vor die Füße und zog es vor, ohne alle Hülfsmittel auf eine günstige Gelegenheit, die seine Existenz sichern sollte, zu warten. Zu seinem Glücke kam Hippel nach Dresden und versprach, ihm eine Anstellung im preußischen Justizdienste zu erwirken. Nach sechsjähriger Unterbrechung trat Hoffmann im September 1814 beim Kammergericht in Berlin wieder in den preußischen Staatsdienst ein.

Die nächsten Jahre bezeichnen den Höhepunkt seines Schaffens als Dichter und Componist. Am 3. August 1816 ging die „Undine" in glänzender Ausstattung über die Berliner Opernbühne. „In dem Text der Oper Undine," schrieb Karl Maria v. Weber, „hätte wohl mancher innere Zusammenhang bestimmter und klarer verdeutlicht werden können. Desto deutlicher und klarer, in bestimmten Farben und Umrissen, hat der Componist die Oper in's Leben treten lassen. Sie ist wirklich ein Guß und Referent erinnert sich, bei oftmaligem Anhören, keiner einzigen Stelle, die ihn nur einen Augenblick dem magischen Bilderkreise, den der Tondichter in seiner Seele hervorrief, entrückt hätte. Ja, er erregt so gewaltig, von Anfang bis zu Ende, das Interesse für die musikalische Entwicklung, daß man nach dem ersten Anhören wirklich das Ganze erfaßt hat und das Einzelne in wahrer Kunst-Unschuld und Bescheidenheit verschwindet. Mit einer seltenen Entsagung, deren Größe nur derjenige ganz zu würdigen versteht, der weiß, was es heißt, die Glorie des momentanen Beifalls zu opfern, hat Hr. Hoffmann es verschmäht, einzelne Tonstücke auf Unkosten der übrigen zu bereichern, welches so leicht ist, wenn man die Aufmerksamkeit auf sie lenkt durch breitere Ausführung und Ausspinnen, als es ihnen eigentlich als Gliedern des Kunstkörpers zukommt. Unaufhaltsam schreitet er fort, von dem sichtbaren Streben geleitet, nur immer wahr zu sein und das dramatische Leben zu erhöhen, statt es in seinem raschen Gange aufzuhalten oder zu fesseln. So verschieden und treffend bezeichnet die mannigfaltigen Charaktere der handelnden Personen erscheinen, so umgiebt sie oder ergiebt sich vielmehr doch aus Allem jenes gespensterhafte, fabelnde Leben, dessen süße Schauer-Erregungen das Eigenthümliche des Märchenhaften sind. Am mächtigsten springt Kühleborn hervor (Referent setzt die Bekanntschaft mit dem Märchen voraus) durch Melodienwahl und Instrumentation, die ihm stets treu bleibend seine unheimliche Nähe verkündet. Da er, wo nicht als Schicksal selbst, doch als dessen nächster Willensvollstrecker erscheint, so ist dies auch sehr richtig. Nächst ihm das liebliche Wellenkind Undine, deren Tonwellen bald lieblich gaukeln und kräuseln, bald auch mächtig gebietend, ihre Herrscherkraft künden. Höchst gelungen und ihren ganzen Charakter umfassend dünkt Referent die Arie im 2. Act, die ungemein lieblich und geistvoll behandelt ist. Der feurig wogende, schwankende, jedem Liebeszuge sich hinneigende Huldbrand und der fromme einfache Geistliche mit seiner ernsten Choral-Melodie sind dann am bedeutendsten. Mehr in den Hintergrund treten Bertalda, Fischer und Fischerin, Herzog und Herzogin. Die Chöre des Gefolges athmen heiteres, reges Leben, das sich in einigen Stücken zu ungemein wohlthuender Frische und Lust erhebt und entfaltet, im Gegensatze zu den schauerlichen Chören der Erd- und Wassergeister in gedrängten, seltsamen Fortschreitungen. Am gelungensten und wirklich groß gedacht erscheint Referent der Schluß der Oper,

wo der Componist noch als Krone und Schlußstein alle
Harmoniefülle rein achtstimmig im Doppelchore aus=
breitet und die Worte ‚Gute Nacht aller Erdensorg‘ und
Pracht‘ mit gewisser Größe und süßer Wehmuth er=
füllten Melodie ausgesprochen hat, wodurch der eigent=
lich tragische Schluß doch eine so herrliche Beruhigung
zurückläßt. Ouvertüre und Schlußchor geben sich hier,
das Werk umschließend, die Hände. Erstere erregt und
eröffnet die Wunderwelt, ruhig beginnend, im wachsen=
den Drängen, dann feurig einherstürmend und hierauf
gleich unmittelbar, ohne gänzlich abzuschließen, in die
Handlung eingreifend, letzterer beruhigt und befriedigt
vollkommen. Das ganze Werk ist eines der geistvollsten,
das uns die neuere Zeit geschenkt hat. Es ist das schöne
Resultat der vollkommensten Vertrautheit und Erfassung
des Gegenstandes, vollbracht durch tief überlegten Ideen=
gang und Berechnung der Wirkungen alles Kunstmate=
rials, zum Werke der schönen Kunst gestempelt durch
schöne und innig gedachte Melodien u. s. w.“ Die Oper
fand in Berlin den größten Beifall, Hoffmann war der
Gegenstand der allgemeinsten Huldigungen. „Sonntag,“
schrieb er am 8. März 1818 an Kunz, „wurde Undine
zum 23. Male gegeben und Dienstag darauf brannte
das Haus ab mit sämmtlichen Decorationen, Kleidern,
Noten ꝛc. Erst jetzt malt man wieder an den Deco=
rationen.“ Von der glänzenden Höhe, auf die ihn der
Erfolg seiner Schriften und — nicht am wenigsten —
seiner Oper Undine geführt, stürzte ihn jählings ein

trauriges Geschick herab. Langwierige Krankheit und ein
unseliger Hang zu nächtlichen Trinkgelagen hatten seine
Gesundheit vollkommen erschüttert. Am 25. Juni 1822
wurde er durch den Tod von qualvollem Leiden erlöst.

Adolf Bernhard Marx*), der bekannte Verfasser
der musikalischen Compositionslehre, hat uns eine kurze
Charakteristik E. T. A. Hoffmanns als Musiker hinterlassen. „Sein Eifer für Musik," sagt er, „der uns
selbst als ein Beweis seines Talents gilt, unterstützt
von jenen Kräften, die er überall bewährte, konnte nicht
anders als zu sehr erheblichen Resultaten führen. Dem-
ungeachtet ist auch ihm, wie der großen Mehrzahl der
Künstler, Musik ein Aeußeres geblieben; so lebendig er
sie geschaut hat, so tief er in ihr Wesen eingedrungen
ist, so ist doch dieses mit dem Seinigen nicht eins geworden; die Vielseitigkeit seiner Geistesanlagen selbst
hat den ruhigen Gang gestört." Da Marx' Urtheil
selten unbefangen war, so darf man seinen Worten
keinen so hohen Werth beimessen. In mancherlei Hinsicht fühlte er sich Hoffmanns Natur verwandt. Seine
Ideen über die Charakteristik der Töne stimmen vollkommen mit den Gedanken überein, die Hoffmann darüber in den Phantasiestücken (2. Theil) entwickelt hat.
Der Oper Undine ertheilte Marx nur ein bedingtes Lob.
Die Geisterscenen darin schied er von allen übrigen aus.
„Jene gestatten wohl eher," urtheilt er, „daß der Com-

*) 1799—1866.

ponist einen äußeren Standpunkt, den des von der
Geisterfurcht, dem Grauen u. s. w. ergriffenen Menschen
einnimmt, und diesem entsprach Hoffmanns Organisation
für Musik ebensosehr als seine Vorliebe für das Phan=
tastische. Jene Scenen sind durchgängig vortrefflich.
Nie lese ich sie in Partitur oder führe sie am Piano
aus, ohne daß sie Schauer über mich ergießen. Höre
ich dagegen in „Undine“, dem „Trank der Unsterblich=
keit“, „Liebe und Eifersucht“, dem „Kanonikus von
Mailand“ nach seinen übrigen Personen, so sind meist
sie es nicht die reden, sondern Hoffmann, der von ihnen
und ihren Empfindungen spricht. Es scheint nicht durch=
gängig dahin gekommen zu sein, daß er Undine, Huld=
brand und so fort geworden ist, wie er selbst vom Com=
ponisten verlangt*), oder wie ich die Forderung lieber
stellen möchte, daß er sie selbst gehört hat; er hat sich,
so darf man die meisten Scenen characterisiren, bloß
vorgestellt wie sie empfinden und sich äußern müßten,
und dies ist der Inhalt seiner Musik.“ Trotz dieses
etwas sonderbaren Vorhaltes erkennt Marx an, daß er
sehr viel Schönes in Hoffmanns Schöpfungen gefunden
habe. „Eine günstige Aufgabe,“ schließt die Charakte=
ristik, „war für Hoffmann die Composition zu dem
„Kreuz an der Ostsee“. Es galt hier, die wilden, rohen,
starren Urpreußen in ihrer Kraft, mit ihrem unzähm=
baren, unbeugsamen Sinne, der selbst die Religion und

_____

*) Phantasiestücke. 2. Theil. S. 350.

die Götter als Sklavenbande scheut, hinzustellen. Ich
weiß keinen Dichter und keinen Componisten, dem die
Darstellung dieser — Menschenthiere (möchte ich sagen)
so gelungen wäre als Wernern und Hoffmann." Die
Musik zum „Kreuz an der Ostsee" nennt Marx die
vorzüglichste und eigenthümlichste Hoffmanns. Ueber
dessen (im Nachlasse vorhandenes) Miserere äußert er
sich: „So unbedeutend in contrapunktischer Hinsicht die
Nachahmung zwischen Ober= und Unterstimmen ist, so
hat mich doch die edle Einfalt und Frömmigkeit des
Ganzen bestimmt, diese Andeutung der harmonischen
und contrapunktischen Ausbildung Hoffmanns mancher
gründlich gearbeiteten Fuge, die statt der Andeutung
Beweis hätte geben können, vorzuziehen."

Hoffmanns Schriften stellen zum großen Theil
seine eigene Lebens= und Leidensgeschichte dar. Die
Phantasiestücke, die Serapionsbrüder, die Lebens=An=
sichten des Kater Murr nebst fragmentarischer Biogra=
phie des Capellmeisters Johannes Kreisler sind im
Grunde nichts anderes als seine Autobiographie. In
seinen unvergänglichen Erzählungen „Die Fermate",
„Ritter Gluck", „Kreisleriana", „Don Juan" tritt zwar
das phantastische Element am stärksten hervor, aber
hinter den grotesken und bizarren Sprüngen verbergen
sich die höchste Begeisterung und das tiefste Verständ=
niß für die Musik. Die Instrumentalmusik ist ihm die
romantischste aller Künste, „denn nur das Unendliche
ist ihr Vorwurf." „Beethoven ist ein rein romantischer

Componist, und mag es nicht daher kommen," fragt er, „daß ihm Vocalmusik, die den Charakter des unbestimmten Sehnens nicht zuläßt, sondern nur durch Worte bestimmte Affecte, als in dem Reiche des Unendlichen empfunden, darstellt, weniger gelingt?" Seine Gedanken über die Oper, insbesondere über das Verhältniß des Dichters zum Componisten hat er im 2. Theil der „Kreisleriana" und in der novellistischen Skizze „Dichter und Componist" niedergelegt. „Die mehrsten sogenannten Opern," sagt er, „sind nur leere Schauspiele mit Gesang, und der gänzliche Mangel dramatischer Wirkung, den man bald dem Gedicht, bald der Musik zur Last legt, ist nur der todten Masse aneinander gereihter Scenen, ohne inneren poetischen Zusammenhang und ohne poetische Wahrheit zuzuschreiben, die die Musik nicht zum Leben entzünden konnte. Oft hat der Componist unwillkürlich ganz für sich gearbeitet, und das armselige Gedicht läuft nebenher, ohne in die Musik hineinkommen zu können. Die Musik kann dann in gewissem Sinne recht gut sein, das heißt, ohne durch innere Tiefe mit magischer Gewalt den Zuhörer zu ergreifen, ein gewisses Wohlbehagen erregen, wie ein munteres glänzendes Farbenspiel. Alsdann ist die Oper ein Concert, das auf dem Theater mit Costüm und Decorationen gegeben wird. — Fragt ein junger Künstler, wie er es anfangen solle, eine Oper mit recht vielem Effect zu setzen, so kann man ihm nur darauf antworten: Lies das Gedicht, richte mit aller Kraft den

Geist darauf, gehe ein mit aller Macht deiner Phan=
tasie in die Momente der Handlung; du lebst in den
Personen des Gedichts, du bist selbst der Tyrann, der
Held, die Geliebte; du fühlst den Schmerz, das Ent=
zücken der Liebe, die Schmach, die Furcht, das Entsetzen,
ja des Todes namenlose Qual, die Wonne seliger Ver=
klärung; du zürnst, du wüthest, du hoffst, du verzwei=
felst; dein Blut glüht durch die Adern, heftiger schlagen
deine Pulse; in dem Feuer der Begeisterung, das deine
Brust entflammt, entzünden sich Töne, Melodien, Ac=
corde, und in der wundervollen Sprache der Musik
strömt das Gedicht aus deinem Innern hervor. — Eine
wahrhafte Oper scheint mir nur die zu sein, in welcher
die Musik unmittelbar aus der Dichtung als nothwen=
diges Erzeugniß derselben entspringt. — In jenem
fernen Reiche, das uns oft mit seltsamen Ahnungen
umfängt, und aus dem wunderbare Stimmen zu uns
herabtönen und alle die Laute wecken, die in der be=
engten Brust schliefen und die nun erwacht wie in feu=
rigen Strahlen freudig und froh heraufschießen, so daß
wir der Seligkeit jenes Paradieses theilhaftig werden
— da sind Dichter und Musiker die innigst verwandten
Glieder einer Kirche: denn das Geheimniß des Wortes
und des Tons ist ein und dasselbe, das ihnen die höchste
Weihe erschlossen." Hoffmanns musikalische Novellen*)

---

*) Richard Wagner las zeitlebens mit Vorliebe Hoffmanns
Schriften. Unzweifelhaft haben „der Kampf der Sänger" und
„Meister Martin und seine Gesellen" auf die Textdichtungen
des „Tannhäuser" und „Meistersinger" Einfluß geübt.

sind die geistvollste Paraphrase der musikalischen Ideen, von denen die romantische Bewegung getragen wurde, für seine Charakteristik als Musiker liefern sie den Commentar, der uns in die höchst originelle Art und Weise seines musikalischen Schaffens Einblick gewährt.

Die königliche Bibliothek in Berlin hütet den musikalischen Nachlaß.*) E. T. A. Hoffmanns, aber bislang

---

*) Derselbe umfaßt folgende Compositionen:

1) Undine, Originalpartitur (nicht autographirt), als Beilage ein gedrucktes Textbuch. Berlin 1816.
2) Undine, eine zweite Partitur in 3 Bänden nebst den Orchesterstimmen.
3) Der Trank der Unsterblichkeit, romantische Oper in 4 Acten vom Reichsgrafen v. Soden. (Autogramm wie die folgenden Stücke.)
4) Liebe und Eifersucht, Oper in 3 Acten nach Calderons „Schärpe und Blume".
5) Musik zum Drama „Julius Sabinus" von Graf Soden. (Der 3. Act fehlt.) Handschriftlicher Text ist angebunden.
6) Musik zu Zacharias Werners „Kreuz an der Ostsee".
7) Arlequin-Ballet.
8) Miserere (4stimmig mit Orchester).
9) Messe (1805)   „
10) Sinfonie Es-dur.
11) Quintett für Harfe, 2 Violinen, Viola und Violoncell (C-moll).
12) Quartett, für Sopran, Alt, Tenor und Baß.
13) Canzoni à 4 voci da capella.
14) Duettini italieni.
15) Claviersonate in F-moll.
16)   „   „   F-dur.
17)   „   „   Cis-moll.
18)   „   „   F-moll.

ist die Ehrenpflicht versäumt worden, die verborgenen
Schätze an's Licht zu führen und die Compositionen des
genialen Romantikers der musikalischen Welt zurückzu-
geben. Vor kurzer Frist hat sich die Münchener Oper
unter der Leitung des unermüdlichen Generaldirectors
Hermann Levi um die Wiederaufführung der Opern
des Dichter-Componisten Peter Cornelius ein großes
Verdienst erworben; die Berliner Hofoper darf des
Dankes und der Anerkennung aller Kunstfreunde sicher
sein, wenn sie, dem Beispiele der Schwesterbühne fol-
gend, die Opern E. T. A. Hoffmanns, vor allen seine
„Undine", der Vergessenheit entziehen und mit ihren
bewährten Kräften wieder zur Darstellung bringen wird.

Lenau

Lenau.

Die Klänge der Puszta, die wildleidenschaftlichen und schwermüthigen Zigeunerweisen, bildeten die ersten musikalischen Eindrücke, die das leicht empfängliche Ohr des jungen Lenau in seiner ungarischen Heimath aufnahm. In Pest gab ihm Czerny den ersten Violin-unterricht, aber erst der bekannte Geigenvirtuose Joseph v. Blumenthal, dessen Schüler Nikolaus 1820 in Wien geworden war, wußte seine bedeutenden musikalischen Fähigkeiten zu entwickeln und ihn zum tüchtigen Geiger heranzubilden. Blumenthal, ein Schüler Abt Voglers, war Chordirigent an der Piaristenkirche in Wien. Seinem Geigenspiel wurden glänzende Technik und alle Vorzüge des Virtuosenthums nachgerühmt, während seine zahlreichen Compositionen, darunter eine Oper, „Sylvio von Rosalva", ohne jede Bedeutung waren. Von Blumenthal gewann Lenau den kühnen, markigen Strich, der seinem Vortrag eine machtvolle Wirkung verlieh.

Beinahe zehn Jahre mannichfacher Studien und

Reisen waren dem jungen Dichter vergangen, ohne daß
er Neigung verspürt hätte, sich einem bestimmten Berufe zu widmen. Er glaubte, seinem Dichtertalent, das
immer stärker und eigenartiger bei ihm hervortrat, folgen
und sich in stolzer Unabhängigkeit dem Dienste der
Musen weihen zu müssen. 1830 sehen wir ihn zum
ersten Male nach Stuttgart eilen, um den schwäbischen
Dichtergreis kennen zu lernen und ihm die Erstlings-
früchte seines poetischen Schaffens vorzulegen. Auf der
Reise hört er in Karlsruhe den „Fidelio". „Da war
ich wieder von einem Sturm der Empfindungen ergriffen," schreibt er, „und auf zwei Stunden ganz gewiß der Glücklichste auf Erden. Wenn ich an solche
Genüsse zurückdenke, so vergeht mir der Muth, mit dem
Schicksal zu rechten, denn es könnte das Schicksal auftreten mit diesen Götterstunden und sie mir vorhalten,
und ich müßte mich schämen, daß ich sie für zu theuer
bezahlt gehalten mit einer Reihe von leeren, verdrießlichen.
Noch klingt mein ganzes Wesen von der herrlichen
Musik. Bruder, Du kennst sie ja. Beethovens Geist
trieb auch Dich fort, wie ein Sturm auf den bewegten
Wogen des Gesangs, vorbei an wilden, erhabenen
Felsenklippen, an nächtlichen Wäldern, an grausen
Kerkergewölben, immer schneller, stürmischer fort,
bis sich der Strom ergoß in ein lachendes Meer
von unendlicher Liebe und Freude. Gott im Himmel,
ist das ein Geist! Ich war ganz erstaunt über die
vortreffliche Ausführung. Sehr brav ist das Or-

chester und von den Sängern sind drei, vier ganz ausgezeichnet."

In Stuttgart wurde er mit offenen Armen empfangen, Cotta übernahm den Verlag seiner Gedichte,
die poetischen Freunde ermunterten zu neuem Schaffen.
Seine Geige hatte ihn begleitet, im Hause des Grafen
Alexander von Württemberg und in Weinsberg bei
Justinus Kerner erregte sein geniales Violinspiel lebhafte Bewunderung. In den nächsten Jahren weilt er
bald bei den Wiener, bald bei den Stuttgarter Freunden. Von Wien meldet er 1834: „Bleibe ich diesen
Winter hier, so erwartet mich ein herrlicher Genuß.
Sämmtliche Beethoven'sche kleinere Compositionen werden
hier den Winter über gegeben werden. Da laß ich
keine Note aus. Da will ich mein Herz recht durchströmen lassen vom göttlichen Beethoven, der auf mich
wirkt wie kein Geist auf Erden, selbst den großen
Britten nicht ausgenommen." Später berichtet er an
Emilie Reinbeck in Stuttgart: „Neulich hab' ich von
den sogenannten ,verrückten' Quartetten Beethovens gehört. Das eine nennen lahme Philister gar ,Teufels-
quartett'. Wenn das der Teufel gemacht hat, so bin
ich sein auf ewig. Es hat Stellen, bei denen mir fast
das Herz gesprungen wäre. Kennen Sie nicht jene
süße Verzweiflung, in die uns Beethoven reißt? Mit
jedem solchen Tonstück geht mir ein Stück Leben davon. Ich fühl' es ganz deutlich. O, es ist ein köstliches
Gefühl, wie einem so das Leben verklingt!"

Im Verständniß Beethovens war Lenau der Mehr=
zahl seiner Zeitgenossen vorausgeilt.

„Gleich bei der ersten Probe der neunten Sym=
phonie,“ erzählte er einmal, „habe ich jeden Gedanken fassen
und verfolgen können. Es sind lauter ewige Gedanken,
lauter ewige Formen, in denen er sich bewegt. Die Aufführ=
ung, das war vielleicht die größte, die schönste Stunde
meines Lebens. Diese neunte Symphonie ist das Größte
vielleicht, was in der Musik vorhanden. Beethoven
sagte auch, als er daran schrieb: „„Jetzt mach' ich etwas,
das muß mein Erstes werden und überhaupt das Größte,
was es giebt.““ Wenn er so beim Bierglas saß, da
konnte er auf einmal schnell sein Schreibtäfelchen heraus=
ziehen und etwas eintragen. „„Mir ist halt was ein=
gefall'n,““ sagte er dann und steckte es wieder ein.
Diese Gedanken, die er so einzeln hinwarf, nur mit ein
paar Linien und Punkten, ohne Tactstriche u. dgl. m.,
sind Hieroglyphen, die Niemand entziffern kann. So
hat er in diesem kleinen Schreibtäfelchen wohl noch
einen Schatz von Gedanken verborgen. — Die neunte
Symphonie fand in Wien getheilten Beifall. So sagte
mir nach der Aufführung Grillparzer, der sehr musi=
kalisch ist und selbst ein Instrument recht schön spielt:
„Es ist confuses Zeug!“ Was das Verstehen Beethovens
erschwert, ist, daß man zu große Massen umfassen muß
um seinen Ideen zu folgen. Sie haben so große Um=
risse, und nicht alle Menschen können so viel aufnehmen
im Speckkammerl ihrer Phantasie.“

In Salzburg hörte Lenau 1835 den Geigenvirtuosen Artôt (geboren 1815 zu Brüssel). „War auch das Spiel," meldet er, „dieses außerordentlichen Virtuosen groß und herrlich und namentlich sein Adagio wahrhaft bezaubernd, so mußte er dennoch die Kränkung erfahren, daß der größere Theil des Publicums noch während seiner letzten Variationen aufbrach. Sehr ärgerlich und grundphilisterhaft ist diese erbärmliche Besorgniß des Publicums um seine Mäntel, während es in eine Welt versetzt sein sollte, wo man keine Mäntel mehr braucht. Hätte doch der Künstler allen Störern zugleich seine Geige an den Kopf schlagen können! Doch nein! An diesem Felsen sollte das edle Saitenspiel nicht zerschellen! Einen Blick aber warf Artôt auf die Barbaren herab, so zürnend und verachtungsmächtig, daß er mir in der Seele wohlthat; aber nur einen. Von diesem Augenblicke klang sein Adagio noch viel leidenschaftlicher und tiefer; es klang wie ein schmerzliches Fortflüchten aus dem Kreise dieser Rohen und Kalten und wie ein Ausweinen in den Armen seines Genius. Artôt soll leben! Er ist ein wahrer Künstler; ein unechter hätte, beleidigt, schlechter gespielt; Artôt spielte besser."

Bald darauf machte der Dichter die Bekanntschaft der Sängerin Karoline Unger (geboren 1800 in Wien), die nach einer Gastreise durch Italien und Frankreich an der italienischen Oper zu Wien große Triumphe feierte. Lenau schreibt: „Ich speiste mit Fräulein Karo-

line und Graf H . . ., dem dramatischen Dichter. Karo=
line sang vor Tische den ,Wanderer' und das ,Gretchen'
von Schubert hinreißend schön. Es rollt wirklich tra=
gisches Blut in den Adern dieses Weibes. Sie ließ in
ihrem Gesang ein singendes Gewitter von Leidenschaft
auf mein Herz los. Sogleich erkannte ich, daß ich in
einen Sturm gerathe; ich kämpfte und rang gegen die
Macht ihrer Töne, weil ich vor Fremden nicht so ge=
rührt erscheinen mag; umsonst, ich war ganz erschüttert
und konnte es nicht verhalten.“ Eine Woche später
hörte er die Künstlerin im „Belisar“. „Nur am Sarge
meiner Mutter hab' ich so geschluchzt, wie jenen Abend,
als ich die herrliche Künstlerin in Belisario gehört
hatte. Da war es nicht das bestimmte Stück, die be=
stimmte Rolle, deren Tragik mich ergriffen hätte. Die
Sängerin ging weit über jede Einzelheit hinaus, und
ich hörte in ihren leidenschaftlichen Klagen, in ihrem
Aufschrei der Verzweiflung das ganze tragische Schick=
sal der Menschheit rufen, die ganze Welt des Glücks
auseinanderbrechen und das Herz der Menschheit zer=
reißen. Mich ergriff ein namenloser, ungeheurer Schmerz,
von dem ich noch ein heimliches Zittern durch mein
innerstes Leben spüre.“

Lenau dachte allen Ernstes an eine Verbindung
mit der gefeierten Künstlerin, allein schon einige Monate
nach seiner Bekanntschaft mit ihr trat eine Verstimmung
ein, die mit einem vollkommenen Abbruch aller Be=
ziehungen zu ihr endete. „Weil sie eine große Schau=

spielerin war," äußerte er, „und je mehr ich es erkannte, um so furchtsamer wurde ich vor einer Verbindung mit ihr. Ich wußte nicht mehr, was echt, was falsch an ihr sei." Karoline Unger heirathete 1840 den be= kannten französischen Aesthetiker Sabatier und zog sich ganz von der Bühne zurück.

Bald darauf traten zwei Musiker, Karl Groß und Karl Evers, zu Lenau in herzliche Beziehungen. „Ge= dichtet wird wieder fleißig, gegeigt noch fleißiger. Meine Passion darin ist hier schon berüchtigt. Sogar einen Lehrer hab ich mir genommen. Der vortreffliche Mann heißt Karl Groß, und ist so recht nach meinem Herzen, ein vollkommenes Geigengesicht und sein rechter Arm gleichsam selbst ein Fiedelbogen. Großer Beethoven= Spieler. Ein falscher Ton erscheint ihm als ein großes Unglück. Meine Geige grüßt Sie mit ihrem schönsten, weichen Ton."

Die Stuttgarter Freundin Emilie Reinbeck hatte den jugendlichen Pianisten und Componisten Karl Evers (geboren 1816 zu Hamburg) bei ihm eingeführt. Evers hat über seinen Verkehr mit dem berühmten Dichter interessante Aufzeichnungen hinterlassen, die für dessen Verhältniß zur Musik von besonderer Bedeutung sind. „Lenau," sagt er, „liebte Musik mit aller Leidenschaft und spielte damals sehr viel Violine. Sein Spiel war wild, unregelmäßig, oft aber ergreifend und im höchsten Grade genial. Er war schüchtern und spielte fast nie mit Fremden, mit mir jedoch sehr oft. Sein Liebling war die sogenannte Kreutzerische Sonate von Beethoven. Die Variationen darin spielte er bisweilen sehr schön. Die Accorde im Anfange wurden ihm sehr schwer; er übte aber manchen Tag acht Stunden Violine mit solcher Leidenschaft, daß es ihm in der Gesundheit Schaden brachte und ich ihn oft davon abhielt. Endlich gingen die Accorde so ziemlich, jedoch beim letzten Satze der Sonate, welcher sehr feurig ist, ging er gewöhnlich mit seiner Phantasie durch; er hörte dann nicht mehr auf mich am Fortepiano, überstürzte sich, brachte gar keine Pausen mehr, arbeitete zugleich mit den Füßen immer fort, kaum daß ich ihm im Tempo folgen konnte, bis er, im Angesichte die hellen Schweißtropfen, erschöpft innehielt. Er sah wohl seinen Fehler ein, aber umsonst; er war nicht zu bändigen, wenn er in's Feuer kam. Die steierischen und oberösterreichischen Ländler spielte er ganz ausgezeichnet. Ich schrieb mehrere seiner Lieblingsstücke, welche er vom Volke gelernt hatte, und nur nach dem Gehör nachspielte, in Noten auf. Es ist merkwürdig, daß er bei dieser Musik sich niemals im Tempo übereilte, sondern mit einer ruhigen Heiterkeit auf und nieder im Zimmer tanzte. Selbst bei ungarischen Melodien blieb er im gehörigen Takte, obgleich sein Gesicht finsterer wurde. Nur bei Beethoven verließ ihn alle Besinnung. Sein Urtheil über Musik war aber sehr einseitig. Für ihn war nur Einer, nämlich Beethoven, alle Anderen verachtete er; ja es ging so weit, daß er Mozart förmlich in's Lächer-

liche zog. Bei einem Streit, der sich einmal über
Mozart und Beethoven entspann, behauptete er, Letzterer
sei der Chimborasso und Ersterer der Bobzer bei
Stuttgart (ein kleiner Berg)." Obwohl die Mittheil=
ungen Evers volle Glaubwürdigkeit verdienen, so darf
doch an dieser Stelle nicht unerwähnt bleiben, daß
Lenau auch für Franz Schubert eine unbegrenzte Ver=
ehrung zur Schau trug. „Wie Alexander klagte,"
rief er einmal aus, „daß er keinen Homer habe, so
schmerzt es mich, daß Schubert vor dem Erscheinen
meiner Gedichte gestorben ist." 1831 nahm er Schuberts
Lieder nach Schwaben mit, um die herrlichen Com=
positionen, welche dort noch so gut wie unbekannt waren,
im Kreise seiner Freunde einzuführen. Es lag in der
Natur seines Temperaments, das schon in früher Jugend
eine düstere Lebensanschauung verrieth, daß ihm heitere,
anspruchslose Musik unsympathisch war. Konradin
Kreutzers „Nachtlager", dessen Erstaufführung er erlebte,
eine Oper, die sich bis in unsre Tage in der Gunst
des Publicums erhalten hat, fand er abgeschmackt und
kindlich. Beethoven, dessen erhabene Kunst an die
Tiefen seiner Seele rührte, war ihm das Ideal eines
Componisten.

In Stuttgart warf ihn 1841 ein heftiges Fieber
auf das Krankenlager. Sobald der erste Krankheits=
anfall überwunden war, verlangte er sehnsüchtig nach
der geliebten Musik. „Des Abends wird mir zu=
weilen Musik gebracht von musikalischen, barmherzigen

14 *

Schwestern. Wenn das Clavierzimmer offen steht, so kann ich durch meine etwas geöffnete Thüre, vor der mich eine spanische Wand schützt, jeden Ton hören. Diese unsichtbar hörbaren Spenderinnen sind: Frln. Leibnitz, Zumsteeg, Evers und Madame Heinrich. Die Leistungen an Clavier und Gesang waren bis jetzt sehr dankenswerth. Die Evers, welche ich noch nicht kenne, hat eine frische und sehr gute Jugendstimme und soviel ich aus dem Vortrage einiger Lieder entnehme, auch gute Methode. Besonders angesprochen hat mich mein von Evers in Musik gesetztes Gedicht: ‚Ach wärst du mein, es wär' ein schönes Leben‘.“

Emilie Leibnitz (geb. 1817 zu Stuttgart) war eine bekannte Clavierspielerin, die sich in Wien unter Chotek ausgebildet hatte. Frln. Zumsteeg war die Tochter eines bedeutenden Musikalienhändlers in Stuttgart, Kathinka Evers endlich, die Schwester des gleichnamigen Componisten, war Primadonna am Stuttgarter Hoftheater.

Die Reconvalescenz des Patienten machte Anfangs nur geringe Fortschritte. „Ich bin mißmuthig, das Arbeiten greift mich nicht mehr an, freut mich aber nicht, selbst Musik, selbst Beethoven nicht.“ Erst in Ischl, wohin er noch fiebernd gegangen war, kehrte ihm die Gesundheit zurück. „Die Geige,“ meldet er an Freund Evers, „wird wacker gestrichen. Es geht, wie ich glaube, mit jedem Tag vorwärts. Die Eingangs-accorde der großen Sonate bring' ich bereits völlig rein heraus. Wenn ich nur schon wieder mit Dir spielen könnte."

Auf der Rückreise von Ischl nach Stuttgart be=suchte er eine neugewonnene Freundin in München, Frau v. Suckow. Ein fröhliches Mahl vereinigte eine kleine erlesene Gesellschaft. „Nach Tische," erzählt Frau v. Suckow, „eilte Josephine Lang (Gattin des Dichters und Criminalisten Köstlin), welche Lenau=Lieder com=ponirt hat, gleichfalls auf einen Wink herbei und sang abwechselnd mit der anderen Nachtigall. ,Scheideblick', dessen Melodie der Dichter heute zum ersten Mal ver=nahm, rührte ihn tief. Auf seine Bitten mußte Mag=neta es immer und immer wiederholen. Besonders die Stelle ,Scheiden mußt' ich ohne Wiederkehr', die er wundervoll gesetzt fand. Eine Thräne rollte aus seinem Auge, wie er so regungslos da saß am Piano neben den Beiden. Ich hätte ihn malen mögen: Der bleiche Kopf, an den gelben Vorhang gelehnt, mit dem Rücken gegen das weite Rundfenster von Epheu=Ranken. — Scheiden mußt' ich ohne Wiederkehr. — „„Es ist etwas Zauber=haftes in diesen Tönen,"" sagte Lenau. Niemals sah ich ihn so ergriffen. — Die Unterhaltung lenkte sich auf Mendelssohn, der einst von unsrer Tonkünstlerin (Josephine Lang), als sie noch kaum über die Schwelle der Kindheit trat, schon so bedeutsam geurtheilt hatte. „„Ich habe ihn,"" erzählte Lenau, „„vor Jahren (1832) das erste und einzige Mal gesehen, und zwar auf sonderbare Weise. Ich war zu Heidelberg im ,König von Portugal'. Um 11 Uhr weckt man mich aus dem ersten Schlafe. Vom grellen Licht der Kerze beleuchtet, die ein Kellner in der Hand hält, steht ein Mann in schwarzem Fracke vor dem Bette. „Ich habe einen Brief von Schwab an Sie," sagte er, „und wollte nicht weiter reisen, ohne Sie gesehen zu haben. Ich gehe gleich wieder mit dem Eilwagen." Schnell wie er erschienen, verschwand er. Morgens war es wie ein Traum, das bleiche interessante Gesicht.""

Das darauffolgende Jahr (1842) findet Lenau wieder in Stuttgart. „Ich spiele täglich," meldet er, „auf meiner Alten, und es geht mit meinem Spiel auch immer etwas vorwärts. Heute war ich von einem ausgezeichneten Virtuosen, Namens Keller, besucht, und keck genug, ihm eine halbe Stunde lang vorzufiedeln. Mein Spiel machte zu meiner Verwunderung Eindruck auf ihn und er brach aus in die Exclamation: „„Herr Jesus, was wäre aus Ihnen geworden, wenn Sie die Geige zum Fach genommen hätten! Wie viel Ton! Ja, etwas Großartiges!"" — das freut mich mehr, als wenn meine ‚Albigenser' gefallen. Dermaleinst werd' ich doch noch ein Beethoven'sches Quartett gut spielen, etwa in einem Jahre."

Ein kurzer Besuch in Wien führt ihn mit den besten Musikern der österreichischen Kaiserstadt zusammen. Zu seinen Freunden zählen der unglückliche Musikschriftsteller Dr. Becher, der wegen seiner Betheiligung an der Revolution 1848 standrechtlich erschossen wurde, der Componist Joseph Dessauer (geboren 1792 in Prag), Joseph Fischhof, Professor am Conservatorium zu Wien, endlich der Redacteur der „Allgemeinen Wiener Musikzeitung", August Schmidt. Letzterer hat Mancher= lei über seinen Umgang mit Lenau niedergeschrieben: „Es war an einem trüben Herbstabend," theilt er mit, „daß ich Lenau nach Hause begleitete. In sein Zimmer eingetreten, bat er mich, ihm einige ungarische National= melodien vorzuspielen. Stumm lehnte sich Lenau in seinen Stuhl, den gesenkten Kopf auf die Hand gestützt, und horchte sinnend zu. Ich möchte wohl schon mehrere Lassan und Frißen gespielt haben, und wollte eben die Geige aus der Hand legen, als Lenau aufstand, wort= los das Instrument ergriff und zu spielen begann. Ich werde diesen Moment nie vergessen. Auf den Stuhl hingesunken, horchte ich den magischen Tönen, die aus dem nächtlichen Dunkel (denn es war mittlerweile im Zimmer ganz finster geworden) herausklangen, so zauber= haft und dabei so wehmüthig und tiefergreifend. Ein prophetischer Geist war über den Spieler gekommen und belebte seinen Bogen. Sein eigenes Loos und das Schicksal seines Volkes, damals noch in der Zukunft tief verborgen, malte er in Tönen. Es war ein Bild, das die Seele mit unwiderstehlicher Gewalt erfaßte und das Herz mit schmerzlicher Rührung erfüllte. In jedem Tone lag der Ausdruck des Schmerzes, der bald in den wehmüthigen Klängen Lassan (Laschan = langsam) wie in stillem Jammer fortweinte, bald

wieder im raſchen Frißen (frishko = flint) wild auf=
ſchrie."

Lenau beſaß eine koſtbare Cremoneſer Geige von
Guarnerio, die er für eine hohe Summe erſtanden hatte.
Ueber den Geigenbau hatte er umfaſſende Studien ge=
macht und galt bei Beurtheilung werthvoller Inſtru=
mente mit Recht als Autorität. „Was die alten Gei=
gen," meinte er, „unerſeßlich macht, iſt etwas ganz
Geiſtiges. Wenn man eine Geige ſpielt, vielleicht hun=
dert Jahre, ſo erhält ſie dadurch erſt ihre eigenſte,
höchſte Vollendung. Man hat ſolche alte Violinen ge=
öffnet und auf dem Boden eine Menge Splitterchen
gefunden, welche die Geige aus ſich herausgeſpielt hat.
Alles Fremde, Alles, was nicht zu ihrer Harmonie ge=
hört, nicht hinein in ihre Schwingungen, und die Voll=
endung ſtören möchte, ſtößt die Geige aus. Das iſt
das Wunderſamſte, dieſer Geiſt der Harmonie, der in
ihr lebt. Deßhalb muß Einer, der eine ſolche Geige hat,
ſie auch als etwas Lebendiges betrachten, nicht wie ein
Stück Holz. Wenn ſie unrecht geſpielt wird, iſt ſie hin."

In Baden=Baden machte Lenau (1844) die Be=
kanntſchaft des berühmten Violinvirtuoſen Heinrich
Panoſka (geboren 1808 zu Breslau). „Panoſka, ein
bedeutender Virtuoſe aus Paris, wohnt in meinem
Hauſe ſo nahe, daß ich ihm öfter in Kappe und Schlaf=
rock einen Morgenbeſuch mache, um ihn geigen zu hören.
Ich hab' ihm auch vorgeſpielt und er lobte mich als
einen guten Geiger, mit der Bemerkung, daß er nicht

bald einen Amateur gefunden hätte mit einer so guten Stellung und Bogenführung."

Kurze Zeit darauf eilt er nach Frankfurt, um die Hand der anmuthigen Marie Behrends zu werben. Dort findet er Moritz v. Schwind, Mendelssohn und Ferdinand Hiller. Mendelssohn, dessen Bedeutung er wohl erkannte, versprach er, einen Oratorientext zu liefern. Allerdings ist es bei diesem Versprechen geblieben.

Die fürchterliche Krankheit, deren Opfer der unglückliche Nikolaus Lenau wurde, hatte ihre unheimlichen Boten vorausgeschickt. Zu Ende des Jahres 1844 kam der Wahnsinn zum ersten Mal bei ihm zum vollen Ausbruch. Aber er erholte sich ungewöhnlich schnell. „Weil keine Arznei," schrieb er an Kolb, den Redacteur der Allgemeinen Zeitung, „gegen meine bedenkliche Nervenkrankheit helfen wollte, nahm ich endlich meinen göttlichen Josephus Guarnerius hervor, spielte mir einen recht frischen steyrischen Ländler und tanzte, mit aller Gewalt meiner Phantasie in eine steyrische Gebirgskneipe versetzt, unter Jägersburschen und Almmenschern wüthig stampfend, einen Tanz so lange, bis ich exaltirt und durchwärmt war. Ich bin gesund. Das musikalische Phantasiewunder geschah vor $2\frac{1}{2}$ Stunden. Vivat Guarnerius!"

Nach kurzer Unterbrechung nahm dann die Geisteskrankheit ihren Verlauf, einmal raffte sich der Unglückliche empor und vermeinte sich wieder gesund: „Es geschehen noch Wunder," rief er. „Ich bin ganz gesund. Die Musik hat mir gefehlt. Die Töne sind wie Thau auf meine Seele gefallen und haben sie erfrischt."

Schon hatte die Nacht des Wahnsinns ihre finsteren Schatten über ihn gesenkt; auf das Lager hingestreckt, phantasirte er seinem Ende entgegen, aber die geliebte Geige, die an die Lagerstätte gelehnt neben ihm stand und die Niemand zu berühren wagen durfte, begleitete ihn bis in den Tod.

Lenau's eminent lyrische Natur fühlte sich in ihrem Hang zum Phantastischen und Uebersinnlichen stark zur Musik hingezogen. Es war ihm Lebensbedürfniß, seiner geliebten Geige anzuvertrauen, was die geheimsten Schwingungen seiner Seele vergeblich dichterisch zu gestalten suchten. Während Goethe in seinem Verhältniß zur Musik gleichsam über derselben als einer Kunstform stand, die ihn auf's Höchste interessirte und lebenslang beschäftigte, sah sich Lenau in einem Taumel von Leidenschaft und Phantasie willenlos vom Strome der Töne fortgerissen. Dabei war sein musikalisches Urtheil nur unbefangen, wenn er die Compositionsweise, wie dies bei Beethoven der Fall war, seinem eigenartig angelegten Naturell verwandt fühlte. Zweifellos war er in die Tiefen der Beethoven'schen Kunst eingedrungen, und daß er die neunte Symphonie, des Meisters gewaltigstes Werk, bei ihrer ersten Aufführung verstanden, vertheidigt und verherrlicht hat, ist eine That, der die Nachwelt bewundernd ihre Anerkennung zollen muß.

Heine

Heine.

Heine's Mutter, die der Musik leidenschaftlich ergeben war, hatte ihr Haus in Düsseldorf den
besten Musikern der Stadt geöffnet. Der erste Tonkünstler, mit dem der 17jährige Harry Heine im Eltern-
hause in Berührung kam, war Max Kreutzer, wahrscheinlich ein Verwandter der bekannten Musikerfamilie
gleichen Namens. Derselbe componirte das 1816 ent-
standene Gedicht „Die beiden Grenadiere". Mit der
Sängerin Karoline Stern, die an der Düsseldorfer
Oper Triumphe feierte, schloß Harry Freundschaft und
widmete ihr das Gedicht „An eine Sängerin, als sie
eine Romanze sang", das gänzlich umgearbeitet später
in das Buch der Lieder aufgenommen wurde. Alle
Versuche, den angehenden Poeten zum Violinspieler
heranzubilden, scheiterten kläglich an der Lässigkeit des
Schülers. Wie Goethe in seiner Jugendzeit, besaß
auch Heine nicht die Ausdauer, sich auf seinem Instrumente irgendwelche technische Fertigkeit anzueignen,

und fand es nützlicher, sich von einem energielosen Lehrer seine Lieblingsmelodieen vorspielen zu lassen. Als die Mutter hinter diese Streiche kam, war es freilich — vielleicht zur Freude des Sohnes — ein- für allemal mit dem Violinunterricht zu Ende.

1822 bezog Heine die Universität zu Berlin. Berlin war damals „la capitale de la musique“, wie sie der Violinvirtuose und Charlatan Alexander Boucher (geboren 1770 in Paris) nannte. Boucher war das Wunder der Residenz, mehr noch als sein Spiel hatte ihm seine auffallende Aehnlichkeit mit Napoleon eine große Popularität verschafft. „Er nennt sich Kosmo- polit,“ schreibt Heine, „Sokrates der Violinisten, scharrt rasendes Geld zusammen, und nennt Berlin aus Dank- barkeit la capitale de la musique.“ Heine wird von dem Musikfieber, das die preußische Hauptstadt ergriffen hatte, angesteckt. „Es ist hier den ganzen Winter ein Singen und Klingen gewesen, daß einem fast Hören und Sehen vergeht. Ein Concert trat dem andern auf die Ferse.“ Spontini war als Generalmusikdirektor an die königliche Oper berufen worden und dirigirte seine Oper „Olympia“. Henriette Sontag, Anna Milder ent- zückten mit ihren unvergleichlichen Gesangesleistungen, in den Concerten erregte der junge Felix Mendelssohn Aufsehen, der alte Zelter stand noch an der Spitze der Singakademie, und der „Freischütz“ ging zum ersten Mal über die Bühne. „Haben Sie noch nicht Webers ‚Freischütz‘ gehört?“ fragt Heine. „Nein? Unglücklicher

Mann! Aber haben Sie nicht wenigstens aus dieser
Oper das ‚Lied der Brautjungfern‘ oder (kurzweg) den
Jungfernkranz gehört? Nein? Glücklicher Mann! Wenn
Sie vom Hallischen nach dem Oranienburgerthore und
vom Brandenburger nach dem Königsthore, ja, selbst
wenn Sie vom Unterbaum nach dem Köpnicker Thore
gehen, hören Sie jetzt immer und ewig dieselbe Melodie, das
Lied aller Lieder: den ‚Jungfernkranz‘.“ Mit lustigem
Spotte schilderte er, wie die hübsche Melodie ganz Berlin
auf den Kopf stellt, wie sie ihn überallhin verfolgt und wie
ihn „die veilchenblaue Seide beinahe erwürgt“. Aber die
Oper macht auf ihn den tiefsten Eindruck: „Der ganze
Freischütz ist vortrefflich und verdient gewiß jenes Interesse, womit er jetzt in ganz Deutschland aufgenommen
wird.“ Spontini hatte voller Eifersucht den großen Erfolg
der Weber'schen Oper erleben müssen, die Spontinianer,
die in Berlin keine kleine Gemeinde bildeten, waren Gift
und Galle. Heine eröffnete schon damals gegen den
eitlen Ritter die Polemik, die er, wie wir später erfahren
werden, in Paris mit den schärfsten Waffen geführt
hat. Er reproducirte zunächst die Lobhudeleien seiner
blinden Verehrer, dann gab er der Gegenpartei, der er
ohne Zweifel selbst angehörte, das Wort: „Der größte
Theil sieht in seiner Musik nur Pauken- und Trompeten-
spectakel, schallenden Bombast und gespreizte Unnatur.“

Dieser vortrefflichen bündigen Kritik bleibt kein
Wort hinzuzufügen.

Ein herzliches Freundschaftsverhältniß verband Heine in Berlin mit dem Musiker Joseph Klein (geb. 1802 zu Köln), dem E. Th. A. Hoffmann unter dem Namen Johannes Kreisler ein unvergängliches Denkmal gesetzt hat. Joseph Klein, der Bruder des bekannten Componisten Bernhard Klein, hatte eine Anzahl Heine'scher Lieder in Musik gesetzt, und der Dichter scheint an diesen Compositionen, die längst verschollen sind, besonderen Gefallen gefunden zu haben. „Mein lieber Johannes Kreisler," schreibt er ihm 1825 von Hamburg, „obschon wir wechselseitig gewissenhaft versprachen' uns in der Folge oft zu schreiben, so mögen doch wohl drei bis vier Jahre verflossen sein, ohne daß es Einem von uns einfiel, dieses Versprechen zu erfüllen. Meinerseits kann ich mich sehr gut damit entschuldigen, daß ich oft nicht an Dich gedacht habe. Gestern Abend aber — weiß der Teufel wie es kam — dachte ich und schwatzte ich von Dir eine ganze Stunde lang, und zwar mit dem Componisten Albert Methfessel, dem ich von Dir und Deinem Musikgenie soviel erzählte, bis er ordentlich ärgerlich wurde, daß ich ihm meine von Dir so trefflich componirten Lieder nicht schnell verschaffen konnte. Ich gestehe Dir, ich möchte selbst sie gern zuweilen hören, sintemalen keiner von denen, die sich daran versucht, sie so hübsch componirt hat wie Du, der Du den speciellen Vortheil hattest, ebenso verrückt zu sein wie der Verfasser der Texte."

Heine's Studienzeit in Berlin blieb nicht ohne

Einfluß auf sein Verhältniß zur Musik. Das glänzende
Musikleben der Hauptstadt zog ihn mächtig an, vor
seinen Augen entbrannte ein lebhafter, musikalischer
Interessenstreit, sein empfängliches Ohr vernahm neue
Klänge und sein Urtheil reifte an den Darbietungen der
ausgezeichnetsten Musiker seiner Zeit.

Die italienische Reise, die ihn acht Jahre später
mit dem „musikalischen Volk" in unmittelbare Berührung
brachte, fand ihn wohl vorbereitet, über die italienische
Musik zu sprechen. „Die Musik," sagt er, „wird hier
in Italien nicht durch Individuen repräsentirt, sondern
sie offenbart sich in der ganzen Bevölkerung, die Musik
ist Volk geworden. Bei uns im Norden ist es ganz
anders; da ist die Musik nur Mensch geworden und
heißt Mozart oder Meyerbeer; und obendrein, wenn
man das Beste, was solche nordische Musiker uns
bieten, genau untersucht, so findet sich darin italienischer
Sonnenschein und Orangenduft, und viel eher als
unserm Deutschland gehören sie dem schönen Italien
der Heimath der Musik." Er theilte den Geschmack seiner
Zeit, wenn er der italienischen Musik den Preis zuer=
kannte: „Die Verächter italienischer Musik, die auch
dieser Gattung den Stab brechen, werden einst in der
Hölle ihrer wohlverdienten Strafe nicht entgehen, und
sind vielleicht verdammt, die lange Ewigkeit hindurch
nichts Anderes zu hören als Fugen von Sebastian Bach.
Leid ist es mir um so manchen meiner Collegen; z. B.
um Rellstab, der ebenfalls dieser Verdammniß nicht

Voß, Deutsche Dichter. 15

entgehen wird, wenn er sich nicht vor seinem Tode zu
Rossini bekehrt. Rossini, divino maestro, Helios von
Italien, der Du deine klingenden Strahlen über die
Welt verbreitest, verzeih meinen Landsleuten, die Dich
lästern auf Schreibpapier und auf Löschpapier! Ich aber
erfreue mich Deiner goldenen Töne, Deiner melodischen
Lichter, Deiner funkelnden Schmetterlingsträume, die mich
so lieblich umgaukeln und mir das Herz küssen wie
mit Lippen der Grazien! Divino maestro, verzeih'
meinen armen Landsleuten, die Deine Tiefe nicht sehen,
weil Du sie mit Rosen bedeckst, und denen Du nicht ge=
dankenschwer und gründlich genug bist, weil Du so
leicht flatterst, so gottbeflügelt!" Es ist die Sprache
Jean Pauls, die er redet, kein Spott mischt sich in
dieses begeisterte Lob, Rossini ist ihm der Gott, zu dem
er zeitlebens mit scheuer Bewunderung emporblickt.

Das Spiel des Geigenkönigs Paganini, den er in
Hamburg bereits gehört hatte, feiert er in den „Floren=
tinischen Nächten": „Das waren Melodieen, wie die
Nachtigall sie flötet in der Abenddämmerung, wenn der
Duft der Rose ihr das ahnende Frühlingsherz mit
Sehnsucht berauscht! O, das war eine schmelzende,
wollüstig hinschmachtende Seligkeit! Das waren Töne,
die sich küßten, dann schmollend einander flohen, und
endlich wieder lachend sich umschlangen und Eins wurden,
und in trunkener Einheit dahinstarben. . . Das waren
Töne gleich dem Gesang der gefallenen Engel, die mit
den Töchtern der Erde gebuhlt hatten und, aus dem

Reiche der Seligen verwiesen, mit schamglühenden Ge-
sichtern in die Unterwelt hinabstiegen. Das waren
Töne, in deren bodenloser Untiefe weder Trost noch
Hoffnung glimmte. Wenn die Heiligen im Himmel
solche Töne hören, erstirbt das Lob Gottes auf ihren
verbleichenden Lippen und sie verhüllen weinend ihre
frommen Häupter!"

Als Heine 1831 nach Paris kam, fand er in den
Salons des Musikverlegers Schlesinger und des Barons
v. Rothschild die Elite der Musikwelt, darunter Cherubini, Berlioz, Chopin, Meyerbeer, Liszt, Dreyschock,
Kalkbrenner, Thalberg und Hiller, versammelt. Wie
die österreichische Kaiserstadt zu Beginn des Jahrhunderts, so hatte jetzt Paris die Führerschaft in der
musikalischen Welt übernommen. Die Pariser Gesellschaft befand sich in einem starken Musikrausch, ein
musikalisches Genie übertrumpfte das andere, jeder Tag
brachte eine neue musikalische Ueberraschung, die musikalischen Interessen standen seltsam genug neben der
Politik im Vordergrunde der Dinge, und Heine hatte
allen Grund, sich dieser musikalischen Sturmfluth gegenüber zunächst vollkommen passiv und beobachtend zu
verhalten. Allmählich mußte freilich das stark hervor-
tretende musikalische Element in der Seinestadt sein
Urtheil herausfordern. „Es hat mit der Musik eine
wunderliche Bewandtniß," ruft er aus, „ich möchte
sagen: sie ist ein Wunder. Sie steht zwischen Gedanken
und Erscheinung; als dämmernde Vermittlerin steht sie
15*

zwischen Geist und Materie; sie ist beiden verwandt und doch von beiden verschieden; sie ist Geist, aber Geist, welcher eines Zeitmaßes bedarf; sie ist Materie, aber Materie, die des Raumes entbehren kann. Wir wissen nicht, was Musik ist. Aber was gute Musik ist, das wissen wir, und noch besser wissen wir, was schlechte Musik ist; denn von Letzterer ist uns eine größere Menge zu Ohren gekommen. Die musikalische Kritik kann sich nur auf Erfahrung, nicht auf eine Synthese stützen; sie sollte die musikalischen Werke nur nach ihren Aehnlich= keiten classificiren und den Eindruck, den sie auf die Gesammtheit hervorgebracht, als Maßstab annehmen. Nichts ist unzulänglicher als das Theoretisiren in der Musik; hier giebt es freilich Gesetze, mathematisch be= stimmte Gesetze, aber diese Gesetze sind nicht die Musik, sondern ihre Bedingnisse, wie die Kunst des Zeichnens und die Farbenlehre oder gar Palette und Pinsel nicht die Malerei sind, sondern nur nothwendige Mittel. Das Wesen der Musik ist Offenbarung, es läßt sich keine Rechenschaft davon geben, und die wahre musikalische Kritik ist eine Erfahrungswissenschaft.".

Mit diesen Worten leitet er seine „musikalischen Berichte" ein. Man bewundert die geschickte Art, mit der er das „Theoretisiren" in der musikalischen Kritik, wo= von er freilich nichts verstand, verurtheilt.

Rossini und Meyerbeer waren die Löwen des Tages. Heine's Schwärmerei für den „Schwan von Pesaro" ist bekannt, aber er stellte ihm Meyerbeer würdig

zur Seite. „Auch keine vergleichende Discussion über Ros=
sini und Meyerbeer, in gewöhnlicher Weise, haben Sie von
mir zu befürchten. Ich beschränke mich darauf, Beide
zu lieben, und keinen von Beiden liebe ich auf Unkosten
des Andern." Seine Besprechung der ersten Aufführung
der Hugenotten, die in der Allgemeinen Zeitung 1836
erschien, trug nicht am Geringsten dazu bei, das deutsche
Volk auf das bedeutendste Werk des Meisters aufmerk=
sam zu machen. „Meyerbeer," heißt es darin, „ist wohl
der größte jetzt lebende Contrapunktist, der größte
Künstler in der Musik; er tritt diesmal mit ganz neuen
Formschöpfungen hervor, er schafft neue Formen im
Reiche der Töne, und auch neue Melodieen giebt er,
ganz außerordentliche, aber nicht in anarchischer Fülle,
sondern wo er will und wann er will, an der Stelle, wo
sie nöthig sind. Hierdurch eben unterscheidet er sich von
andern genialen Musikern, deren Melodieenreichthum
eigentlich ihren Mangel an Kunst verräth, indem sie von
der Strömung ihrer Melodieen sich selber hinreißen
lassen und der Musik mehr gehorchen als gebieten."

Das freundschaftliche Einvernehmen zwischen Heine
und Meyerbeer wurde erst kurze Zeit vor dem Tode
des Dichters gestört. Alfred Meißner berichtet aus dem
Jahre 1854: „Gegen Meyerbeer war Heine vom heftigsten
Aerger erfüllt. Die Ursache desselben ist mir nicht
klar geworden, es schien mir jedoch sich damit so zu
verhalten: Heine hatte ein paar Jahre zuvor ein Tanz=
poem „Faust" geschrieben, das Berliner Theater hatte

den Stoff fast ganz in Heine's Art und Zurechtlegung
als „Satanella" auf die Bühne gebracht. Der Dichter
sah sich um seine Tantième gebracht und schrieb an den
Generaldirector, ihm zu seinem Rechte zu verhelfen.
Meyerbeer konnte oder wollte nichts thun. Heine ergoß
sich nun in Späßen über den Maestro und fügte endlich
lachend hinzu: Dessen ungeachtet ist Meyerbeer unsterblich
— nämlich so lange er lebt — auch auf ein paar
Jahre darüber hinaus — für diese hat er vorausbezahlt."

Liszt und Thalberg stritten in Paris um die
Palme. „Ich gestehe es Ihnen," schreibt Heine, „wie
sehr ich auch Liszt liebe, so wirkt doch seine Musik
nicht angenehm auf mein Gemüth." Thalberg ist ihm
der Clavierspieler par excellence. „Man braucht den
musikalischen Charakter Beider nur einmal zu vergleichen,
um sich zu überzeugen, daß es von ebenso großer Heim=
tücke wie Beschränktheit zeugt, wenn man den Einen auf
Kosten des Andern lobte. Ihre technische Ausbildung
wird sich wohl die Waage halten, und was ihren geisti=
gen Charakter betrifft, so läßt sich wohl kein schrofferer
Contrast erdenken, als der edle, seelenvolle, verständige,
gemüthliche, stille, deutsche, ja, österreichische Thalberg,
gegenüber dem wilden, wetterleuchtenden, vulkanischen,
himmelstürmenden Liszt!"

Chopin besaß seine volle Sympathie. „Dem Chopin
muß man Genie zusprechen in der vollen Bedeutung
des Wortes, er ist nicht bloß Virtuose, er ist auch
Poet, er kann uns die Poesie, die in seiner Seele lebt,

zur Anschauung bringen, er ist Tondichter, und nichts gleicht dem Genuß, den er uns verschafft, wenn er am Clavier sitzt und improvisirt... Bei Chopin vergesse ich ganz die Meisterschaft des Clavierspiels und versinke in die süßen Abgründe seiner Musik, in die schmerzliche Lieblichkeit seiner ebenso tiefen wie zarten Schöpfungen. Chopin ist der große geniale Tondichter, den man eigentlich nur in Gesellschaft von Mozart oder Beethoven oder Rossini nennen sollte."

Seitdem Meyerbeer in Berlin seinen Einzug gehalten hatte, begann Spontini's Stern zu erbleichen. Der Ritter eilte sofort nach Paris, um womöglich seine Berufung an die große Oper durchzusetzen. „Da die meisten Leute in Paris," schreibt Heine mit spitzer Feder, „ihn für längst verstorben hielten, so erschraken sie nicht wenig ob seiner plötzlichen, geisterhaften Erscheinung. Die ränkevolle Behendigkeit dieser todten Gebeine hatte in der That etwas Unheimliches." Spontini sah sich überall abgewiesen, seine Zeit war vorbei. Heine bemerkt ihn noch öfters in der Académie de Musique „mit blassem Gesicht und kohlschwarzen Haaren, eine Art männlicher Ahnfrau, deren Erscheinung immer ein musikalisches Unglück bedeutet. Es ist in der That unser ehemaliger Generaldirector der Berliner großen Oper, der Componist der ‚Vestalin‘ und des ‚Ferdinand Cortez‘, zweier Prachtwerke, die noch lange fortblühen werden im Gedächtnisse der Menschen, die man noch lange bewundern wird, während der Verfasser fast alle

Bewunderung eingebüßt und nur noch ein welkes Ge=
spenst ist, das neidisch umherspukt und sich ärgert über
das Leben der Lebendigen".

Zu Anfang des Jahres 1842 führte die „France
musicale" in Paris kurz hintereinander das „Stabat
mater" von Rossini und den „Paulus" von Mendels=
sohn auf. Heine hebt in seiner Schwärmerei für den
Italiener das Stabat in den Himmel, während ihm
offenbar für die Gedankentiefe und wunderbare Schön=
heit des Paulus das musikalische Verständniß fehlte.
„Es ist," sagte er in Bezug auf das Stabat und den
Paulus, „als vergliche man die Apenninen Italiens mit
dem Templower Berg bei Berlin. Aber der Templower
Berg hat darum nicht weniger Verdienste, und den
Respect der großen Menge erwirbt er sich schon dadurch,
daß er ein Kreuz auf dem Gipfel trägt. ‚Unter diesem
Zeichen wirst Du siegen.‘ Freilich nicht in Frankreich,
dem Lande der Ungläubigkeit, wo Herr Mendelssohn
immer Fiasco gemacht hat. . . . Seine künstlerische Be=
gabung ist groß, doch hat sie sehr bedenkliche Grenzen
und Lücken." Das Conservatoire brachte die A-moll-
Symphonie von Mendelssohn. Heine constatirt, daß sie
„trotz der Anerkennung aller wahrhaft Kunstverständigen
sehr frostig aufgenommen wurde". „Der zweite Satz,"
meint er (Scherzo in F-dur), „und das dritte Adagio
in A-dur sind charaktervoll und mitunter von echter
Schönheit. Die Instrumentation ist vortrefflich und die
ganze Symphonie gehört zu Mendelssohns besten Arbeiten."

Man erstaunt über des Dichters vorsichtige Kritik, er lobt und tadelt in einem Athem, aber zweifellos ist ihm die Bedeutung Felix Mendelssohn-Bartholdy's niemals ganz klar geworden.

Wie Ludwig Börne, der für Hector Berlioz eine Lanze gebrochen hatte, ergriff auch Heine leidenschaftlich für den Musik-Revolutionär Partei. „Hier ist ein Flügelschlag," so verherrlicht er den Meister, „der keinen gewöhnlichen Sangesvogel verräth. Das ist eine colossale Nachtigall, ein Sprosser von Adlersgröße, wie es deren in der Urwelt gegeben haben soll. Ja, die Berlioz'sche Musik überhaupt hat für mich etwas Urweltliches, wo nicht gar Antediluvianisches."

Im Hause Ferdinand Hillers, in dem die vornehmsten Tonkünstler aus- und eingingen, war der Dichter ein gern gesehener Gast. „Hiller," schreibt Heine, „ist mehr ein denkender als ein fühlender Musiker, und man wirft ihm noch obendrein eine zu große Gelehrsamkeit vor. Geist und Wissenschaft mögen wohl manchmal in den Compositionen dieses Doctrinärs etwas kühlend wirken, jedenfalls aber sind sie immer anmuthig, reizend und schön." Hiller urtheilt freilich bescheidener über seine Leistungen in dieser Epoche. „In ewiger Unzufriedenheit," heißt es in einem seiner Briefe, „mit dem, was ich hervorbrachte, und zu gleicher Zeit von dem Meisten, was ich hörte, wenig erbaut, stockte mein Productionsvermögen oft längere Zeit gänzlich, ja, ich hatte mehr als einmal Lust, die ganze Musik an den Nagel zu hängen, die mir ohnedies in diesem großartigen Treiben als etwas sehr Geringes vorkam. Unglücklicherweise hatte ich damals auch nicht nöthig, Geld zu verdienen, und es giebt wohl wenig Beschäftigungen, die einem auf die Länge wichtig erscheinen, wenn sie einem nicht nothwendig sind."

Im Sommer 1839 war unter ganz andern Verhältnissen ein unbekannter deutscher Musiker, Richard Wagner, den Kopf voll kühner Opernpläne, aber arm wie Hiob, mit seiner Frau und einem Neufundländer Hunde nach Paris gekommen. Heinrich Laube führte Heine „den unbekannten Musiker" zu. Der Director der großen Oper, Leon Pillet, hatte Richard Wagner durch Meyerbeers Vermittlung aufgefordert, eine zwei- oder dreiactige Oper zu schreiben. „Ich hatte für diesen Fall," erzählt Wagner, „mich bereits mit einem Sujet-Entwurf vorgesehen. Der ‚fliegende Holländer‘, dessen innige Bekanntschaft ich auf der See gemacht hatte (auf der Fahrt von Riga nach London), fesselte fortwährend meine Phantasie; dazu machte ich die Bekanntschaft von H. Heine's eigenthümlicher Anwendung dieser Sage (in den Memoiren des Herrn v. Schnabelewopski) in einem Theile seines ‚Salons‘. Besonders die von Heine einem holländischen Theaterstücke gleichen Titels entnommene Behandlung der Erlösung dieses Ahasverus des Oceans gab mir Alles an die Hand, diese Sage zu einem Opernsujet zu benutzen. Ich verständigte mich mit Heine selbst, verfaßte den Entwurf und übergab ihn dem Herrn Leon Pillet." Bekanntlich brachte Wagner eine

Aufführung seines „Holländer" in Paris nicht zu Stande, sondern kehrte, aller Hülfsmittel beraubt, nach Deutsch= land zurück. Heine zieht — freilich vergeblich — „gegen die abgefeimten Roués der Pariser Comödiantenwelt" zu Felde, die dem deutschen Talent Weg und Steg ver= sperren. „Welche traurigen Erfahrungen," ruft er aus, „mußte Herr Richard Wagner machen, der, endlich der Sprache der Vernunft und des Magens gehorchend, das gefährliche Project, auf der französischen Bühne Fuß zu fassen, klüglich aufgab und nach dem deutschen Kartoffel= land zurückflatterte."

1844 war Donizetti nach längerer Abwesenheit nach Paris zurückgekehrt. Er hatte seinen Zenith längst überschritten. „Wie ich höre," spottet Heine, „hat auch jener Achilles (Donizetti) sich in sein Zelt zurückgezogen; er boudirt, Gott weiß warum! und er ließ der Direction melden, daß er die versprochenen 25 Opern nicht liefern werde, da er gesonnen sei, sich auszuruhen. Welche Prahlerei! Wenn eine Windmühle dergleichen sagte, würden wir nicht weniger lachen. Entweder hat sie Wind und dreht sich, oder sie hat keinen Wind und steht still." 1847 wurde Donizetti in die Irrenanstalt zu Ivry bei Paris gebracht. Ein Jahr später sank Heine auf sein Schmerzenslager: „Für mich," klagt er, „hat alle Musik aufgehört und ich ahnte nicht, als ich das Leidensbild Donizetti's crayonnirte, daß eine ähnliche und weit schmerzlichere Heimsuchung mir nahte."

Die „musikalischen Berichte" eines unserer größten

Dichter über die Musikzustände und die Musiker seiner Zeit bilden ohne Zweifel eine auch für unsere Tage noch sehr werthvolle literarische Hinterlassenschaft; ihre glänzende Sprache, der überquellende Humor, der beißende Spott, womit sie gewürzt sind, dürfen uns jedoch nicht darüber hinwegtäuschen, daß Heine — um den landläufigen Ausdruck zu gebrauchen — nicht musikalisch gewesen ist. Aber er besaß die überwindende Kraft und die Gewandtheit des Genies, sich mit unglaublicher Schnelligkeit in das Reich der Töne hineinzuleben, die Individualität der Künstler zu charakterisiren und die Anschauung der gebildeten musikalischen Welt zu reproduciren.

Unsere größten Liedercomponisten haben bekanntlich mit Vorliebe die Gedichte Heine's in Musik gesetzt, auch heuer noch gewinnen unsere Tondichter aus dem Jungbrunnen Heine'scher Poesie trotz der modernen lyrischen Massenproduction immer aufs Neue musikalische Anregung und Gedanken. An Wilhelm Müller schreibt Heine einmal: „Ich habe sehr früh schon das deutsche Volkslied auf mich einwirken lassen" und in der Vorrede zu den „Reisebildern" nennt er seine Gedichte „eine Art Volkslieder der neuern Gesellschaft". In der That liegt die außerordentliche Compositionsfähigkeit der Heine'schen Gedichte in ihrer volksthümlichen Form, in jenem wunderbaren Tonfall, der eine kunstvolle Metrik verschmähend in rhythmischem Wohlklang die geheimsten Regungen des Menschenherzens am schönsten wiederspiegelt.

Grillparzer

———

Grillparzer.

An der Neige des vorigen und zu Beginn unseres
Jahrhunderts bildete Wien den Mittelpunkt der
gesammten musikalischen Welt. Der alte Haydn hatte
seine Oratorien vollendet und darin den Gipfel seiner
Meisterschaft erreicht, Mozarts herrliche Opernklänge
waren zum ersten Mal vorübergerauscht und schon stieg
verheißungsvoll der Genius eines Beethoven am Himmel
der Kunst empor. Grillparzers Jugendzeit fällt un=
mittelbar mit dieser bedeutenden Epoche in der Ge=
schichte der Musik zusammen. Während die literarischen
Interessen damals ganz in den Hintergrund traten, war
es vor allen schönen Künsten die Musik, welche die
österreichische Kaiserstadt in Bewegung setzte und in
Spannung erhielt.

Fast jede angesehene Familie unterhielt Beziehungen
zu ausgezeichneten Tonkünstlern; auch Grillparzers
Mutter, aus der bekannten Künstlerfamilie der Sonn=

leithner stammend, war eine vortreffliche Clavierspielerin
und „lebte und webte in der Musik". „Ehe ich noch,"
erzählt der Dichter, „den vollkommenen Gebrauch meiner
Gliedmaßen hatte, setzte sich meine für Musik begeisterte
Mutter vor, mich in die Geheimnisse des Clavierspiels
einzuweihen. Noch gellt in meinen Ohren der Ton,
mit dem die sonst nachsichtige Frau in ihrem Eifer die
Lage der Noten ober den Linien, zwischen den Linien,
unter den Linien, auf den Linien in mich hineinschrie.
Wenn nun gar der Versuch auf dem Clavier gemacht
wurde und sie mir bei jedem verfehlten Ton die Hand
von den Tasten riß, duldete ich Höllenqualen." Trotz
ihres stark ausgeprägten musikalischen Talents besaß
Grillparzers Mutter nicht die Fähigkeit, ihren Sohn zu
unterrichten. Als sie bemerkte, daß er nicht die geringsten Fortschritte machte, nahm sie einen Clavierlehrer, der indessen keine besseren Erfolge erzielte.
Johann Medaritsch, so hieß der Claviermeister, war
ein verkommenes, musikalisches Genie, der während der
Unterrichtsstunden mit dem Schüler allerlei Possen
trieb und seine eigenen endlosen Phantasien vortrug.
Franz kam nicht weiter, am Ende war ihm das Clavierspiel verhaßt. „Diese Abneigung gegen das Clavierspiel," berichtet er, „nahm mit den Jahren zu, ohne
eine Abneigung gegen die Musik zu sein. Denn als
mein zweiter Bruder, der überhaupt kein Freund des
Lernens war, um sich dem verhaßten Clavierspiel zu
entziehen, eine Lust zur Violine vorgab, auch einen

Geigenmeister erhielt, bei dem er aber ebensowenig lernte als bei dem Claviermeister, nahm ich bei jeder Gelegenheit seine Violine zur Hand, übte Scalen und Beispiele und spielte endlich mit dem Meister leichte Duette, ohne je die geringste Anweisung erhalten zu haben. Der alte Deaviß, so hieß er, schrieb mir ein großes Talent zu und beschwor meine Eltern, mich fortfahren zu lassen. Es wurde aber verweigert, ja mir sogar die Violine aus der Hand genommen. Die verweigerte Violine machte mir das Clavier noch verhaßter." Nachdem Medaritsch Wien verlassen hatte, trat ein neuer Clavier= lehrer an seine Stelle. Als Franz gelegentlich einer größeren Abendgesellschaft im elterlichen Hause einmal aufgefordert wurde, etwas vorzutragen und schlecht spielte, jagte ihn der heftige Vater vom Clavier und verbot ihm, das Instrument wieder zu berühren.

Nach diesem Vorfall, der das zarte Gemüth des Knaben auf's Heftigste erschüttert hatte, vergingen Jahre, ehe er der Tonkunst wieder näher trat. „Ich hatte nun," lesen wir in seiner Selbstbiographie, „Alles vergessen, selbst die Noten waren mir fremd geworden. Da kam mir nun zu Statten, daß mein erster Claviermeister, als er mich in halb kindischer Tändelei bezifferten Baß spielen ließ, mir eine Kenntniß der Grundaccorde bei= gebracht hatte. Ich ergötzte mich an dem Zusammen= klang der Töne, die Accorde lösten sich in Bewegungen auf und diese bildeten sich zu einfachen Melodien. Ich gab den Noten den Abschied und spielte aus dem Kopfe.

Nach und nach erlangte ich darin eine solche Fertigkeit, daß ich stundenlang phantasiren konnte. Oft legte ich einen Kupferstich vor mich auf das Notenbild und spielte die darauf dargestellte Begebenheit, als ob es eine musikalische Composition wäre. Ich erinnere mich noch, daß später während meiner Hofmeisterschaft in einem vornehmen Hause der Geigenmeister des jungen Grafen, ein sehr geschätzter Musiker, mir viertelstundenlang außer der Thüre zuhörte und beim Eintritt seines Lobes kein Ende finden konnte." Nachdem sich Grillparzer durch seine natürliche musikalische Veranlagung gefördert sah, studirte er Contrapunkt und Harmonielehre und componirte eine Reihe von Liedern, darunter Goethe's „König von Thule", „woran sich sein Vater gegen seine sonstige Gewohnheit nicht satt hören konnte."

Der jähe Tod ihres Ernährers brachte die Familie Grillparzer vorübergehend in eine bedrängte Lage. Erst nachdem Franz eine Staatsanstellung erhalten hatte, konnte er daran denken, sich mit der Mutter in glücklichem Zusammenleben behaglich einzurichten. Aber noch ehe er seines Glückes recht theilhaftig geworden war, entriß ihm der Tod in der Blüthe ihrer Jahre auch die geliebte Mutter. Der Dichter eilte nach Italien, sich von dem harten Schlage zu erholen. Kaum nach Wien zurückgekehrt, übermannte ihn der Schmerz um die liebe Todte auf's Neue, sie fehlte ihm überall, er fand das Dasein ohne sie unerträglich. „Ich hatte in der letzten Zeit," schreibt er, „mit meiner Mutter häufig

Compositionen großer Meister, für das Clavier einge=
richtet, gespielt. Bei all diesen Symphonien Haydns,
Mozarts, Beethovens dachte ich fortwährend auf mein
goldenes Vließ, und die Gedanken=Embryonen ver=
schwammen mit den Tönen in ein ununterscheidbares
Ganzes. Auch diesen Umstand hatte ich vergessen oder
war wenigstens weit entfernt, darin ein Hilfsmittel zu
suchen. Nun hatte ich schon früher die Bekanntschaft
der Schriftstellerin Karoline Pichler gemacht und setzte
sie auch jetzt fort. Ihre Tochter war eine gute Clavier=
spielerin und nach Tische setzten wir uns manchmal
an's Instrument und spielten zu vier Händen. Da
ereignete sich nun, daß, wie wir auf jene Symphonien
geriethen, die ich mit meiner Mutter gespielt hatte, mir
alle Gedanken wieder daraus zurückkamen, die ich bei
jenem ersten Spielen halb unbewußt hineingelegt hatte.
Ich wußte auf einmal wieder, was ich wollte, und
wenn ich auch den eigentlichen prägnanten Standpunkt
der Anschauung nicht mehr rein gewinnen konnte, so
hellte sich doch die Absicht und der Gang des Ganzen
auf. Ich ging an die Arbeit, vollendete die Argonauten
und schritt zur Medea." Im Entwicklungsgang des
Dichters ist es ein psychologisch merkwürdiger Umstand,
daß seine dramatischen Pläne während des musikalischen
Genusses Form und Leben gewannen, daß ihn die
Musik gleichsam zum dichterischen Schaffen führte.

In seiner Vereinsamung und trüben Stimmung
suchte Grillparzer die heitere Geselligkeit im Hause des

Kaiserlichen Rathes Fröhlich auf, dessen liebliche Tochter Kathi sein Herz erobert hatte. Dort traf er mit Beethoven, Schubert, Karl Maria von Weber und anderen bedeutenden Musikern zusammen. Schubert übte zunächst seinen ganzen Zauber auf ihn aus, und mit Joseph Sonnleithner und Fröhlich eröffnete er die Subscriptionsliste zur Bestreitung der Druckkosten der ersten Schubert=Lieder. Aus dieser Zeit stammt das Gedicht „Als sie (Kathi Fröhlich) am Clavier saß", während Schubert phantasirte.

Seine Eindrücke im Verkehr mit Beethoven hat Grillparzer in seinen „Erinnerungen an Beethoven" niedergelegt. Bei all' seiner Verehrung für den großen Meister hatte er für dessen Compositionen aus der letzten Schaffensperiode wenig oder kein Verständniß. „An die Beethoven=Enthusiasten" lautet sein Epigramm:

> „Wie ihr, hab' ich Beethoven hoch geehrt,
> Wobei jedoch als Unterschied sich anhängt,
> Daß wo eure Bewunderung erst recht anfängt,
> Die meinige schon wieder aufhört."

Während Lenau nach der ersten Aufführung der neunten Symphonie in Worte glühender Begeisterung ausbrach, konnte Grillparzer, der gleichfalls zugegen war, dem gewaltigen Werke keinen Geschmack abgewinnen.

„Die Ahnfrau," erzählt Grillparzer, „Sappho, Medea, Ottokar waren erschienen, als mir plötzlich von dem damaligen Oberleiter der beiden Hoftheater, Grafen

Moriz Dietrichstein, die Kunde kam, Beethoven habe
sich an ihn gewendet, ob er mich vermögen könne, für
ihn, Beethoven, ein Opernbuch zu schreiben. Diese An=
frage, gestehe ich es nur, setzte mich in nicht geringe
Verlegenheit. Einmal lag mir der Gedanke, je ein
Opernbuch zu schreiben, an sich schon fern genug, dann
zweifelte ich, ob Beethoven, der unterdessen völlig ge=
hörlos geworden war und dessen letzte Compositionen,
unbeschadet ihres hohen Werthes, einen Charakter von
Herbigkeit angenommen hatten, der mir mit der Be=
handlung der Singstimmen im Widerspruche zu stehen
schien; ich zweifelte, sage ich, ob Beethoven noch im
Stande sei, eine Oper zu componiren. Der Gedanke
aber, einem großen Manne vielleicht Gelegenheit zu
einem, für jeden Fall höchst interessanten Werke zu
geben, überwog alle Rücksichten, und ich willigte ein.
Unter den dramatischen Stoffen, die ich mir zu künf=
tiger Bearbeitung aufgezeichnet hatte, befanden sich zwei,
die allenfalls eine opernmäßige Behandlung zuzulassen
schienen. Der eine bewegte sich im Gebiete der ge=
steigertsten Leidenschaft. Aber nebstdem, daß ich keine
Sängerin wußte, die der Hauptrolle gewachsen wäre,
wollte ich auch nicht Beethoven Anlaß geben, den äußer=
sten Grenzen der Musik, die ohnehin schon wie Ab=
stürze drohend da lagen, durch einen halb diabolischen
Stoff verleitet, noch näher zu treten. Ich wählte daher
die Fabel der Melusine, schied die reflectirenden Ele=
mente nach Möglichkeit aus und suchte durch Vorherr=

schen der Chöre, gewaltige Finales, und indem ich den dritten Act beinahe melodramatisch hielt, mich der Eigenthümlichkeiten von Beethovens letzter Richtung möglichst anzupassen. Mit dem Compositeur früher über den Stoff zu conferiren unterließ ich, weil ich mir die Freiheit meiner Ansicht erhalten wollte, auch später Einzelnes geändert werden konnte und endlich ihm ja freistand, das Buch zu componiren oder nicht. Ja, um ihm in letzterer Beziehung gar keine Gewalt anzuthun, sandte ich ihm das Buch auf demselben Wege zu, auf dem die Anforderung geschehen war. Er sollte durch keine persönliche Rücksicht irgend einer Art bestimmt oder in Verlegenheit gesetzt werden." Daraufhin fand eine Zusammenkunft zwischen Beethoven und Grillparzer statt. Beethoven versprach mit der Composition in einigen Tagen zu beginnen und drang auf einen Contract, der die Rechte des Componisten und Librettodichters wahren sollte. In der That ging aber Beethoven nicht an die Arbeit, Grillparzer war der Letzte, ihn daran zu erinnern und die Composition der Oper unterblieb. „Beethoven," schrieb Grillparzer zürnend, „hatte sich so sehr an einen ungebundenen Flug seiner Phantasie gewöhnt, daß kein Operntext der Welt im Stande gewesen wäre, seine Ergüsse in gegebenen Schranken festzuhalten. Er suchte und suchte und fand keines, weil es für ihn keines gab." Im Gegensatz zu Grillparzer behauptet Rellstab nach mündlichen Aeußerungen Beethovens, der Componist „habe anders gewoll

als Grillparzer," das Libretto habe ihn nicht zur Composition anregen können. Es bleibe dahingestellt, ob
Beethoven ernsthaft daran gedacht hatte die Melusine
zu componiren, im Nachlaß fand sich nichts, was darauf
schließen ließe. Grillparzer hatte in der Wahl des
romantischen Opernstoffes einen Irrthum begangen.
Die tiefe Kunst des großen Musikers konnte sich nur
einer Dichtung von höchster Kraft und Leidenschaft ver-
mählen. Konradin Kreutzer setzte später die Melusine
in Musik und fiel mit seiner Oper durch. Als Beethoven 1827 starb, vergaß Grillparzer allen Groll und
hielt ihm eine herrliche Grabrede. „Den Ihr betrauert,"
schloß er, „er steht von nun an unter den Großen
aller Zeiten, unantastbar für immer. Drum kehrt nach
Hause betrübt, aber gefaßt. Und wenn euch je im
Leben, wie der kommende Sturm, die Gewalt seiner
Schöpfungen übermannt, wenn euer Entzücken dahin-
strömt in der Mitte eines jetzt noch ungeborenen Ge-
schlechts, so erinnert euch dieser Stunde und denkt:
wir waren dabei, als sie ihn begruben, und als er
starb, haben wir geweint."

1836 reiste Grillparzer nach Frankreich und Eng-
land. In Paris lernte er die hervorragendsten zeitgenössischen Componisten und ihre Werke kennen. Meyerbeer machte auf ihn den Eindruck „eines wackeren Mannes
mit Künstleraugen, nicht aufgeblasen durch seine neuesten
Erfolge." Ueber die Hugenotten meldet das Reise-
tagebuch: „Die Ouverture ging an, vielmehr nur

Introduction. Ich war zu gespannt, als daß sie mir besonders hätte gefallen können. Der Vorhang geht in die Höhe. Eine Art Fest katholischer Herren. Das Arrangement nicht besonders. Das Opernbuch hat den Fehler, um ³/₄ zu lang zu sein. Die Musik muß nur immer hinter den Worten herlaufen, daß ihr ja keines entgeht, wodurch sie sich, besonders Anfangs, zu wenig in sich selbst concentriren kann. Macht daher eine etwas zerstreuende Wirkung. Dazu sind zu complicirte Zustände, so daß man sich, selbst mit dem Buche in der Hand, kaum zurechtfinden kann. In der Mitte des dritten Actes fängt mit einem Duo eigentlich die Musik der Oper an und erhält sich recht kräftig, oft ausge= zeichnet, bis an's Ende. Ich war aber durch die Be= mühungen, schon dem Anfange zu folgen, viel zu sehr hergenommen, als daß sich mir die Folge klar ausein= ander gesetzt hätte. Muß daher noch einer Vorstellung beiwohnen, um auch nur gegenüber mir selbst mir ein Urtheil zu erlauben." Bei einem späteren Besuche der Oper schreibt er über die Hugenotten: „Die Schuld des ersten Actes liegt im Buche. Die verwickelte Lust= spiel=Intrigue und der zu viele Text machen es der Musik unmöglich zu folgen. Im zweiten Act hätte sich gute Musik machen lassen, sie wurde aber nicht gemacht. Der Anfang wenigstens böte Gelegenheit, dann kommt wieder ein Stück Comödie, wie im ersten Aufzuge. Der dritte Act beginnt mit einem sehr guten Chor, nimmt dann etwas ab, erhebt sich aber sehr in dem Duett

zwischen Valentine und Marcel. Gegen den Schluß
kam mir eine Theaterschwäche. Ich erinnere mich aber,
daß es mir das erste Mal gefiel. Von nun an ist
die Musik wahrhaft großartig. Man vermißt das
etwas sparsamer gehaltene melodische Element weniger,
und die Situationen werden von der Composition auf's
Hinreißendste unterstützt, mit Ausnahme einer Cavatine
gegen den Schluß, die in Nourrits Munde (Sänger
der großen Oper) sich etwas abgeschmackt ausnimmt . . .
Wenn ich die Hugenotten mit Robert dem Teufel ver=
gleichen sollte, so hat letzterer bei Weitem mehr schöne
Einzelheiten, dafür aber nichts, was sich so sehr auf
gleicher Höhe erhielte, als die zwei oder wenn man
will, die drei letzten Acte der Hugenotten."

In der großen Oper hörte Grillparzer Rossini's
„Tell" und Halevy's „Jüdin". „Die Musik der Jüdin,"
sagte er, „ist größtentheils blinder Lärm, bis auf einige
choralmäßige Chöre, die wirklich schön sind." Bei Frau
von Rothschild machte er Aubers Bekanntschaft; Meyer=
beer stellte ihm Thalberg den „Clavierspieler par excellence", vor. Die Kunst Franz Lißts vermochte
seinen Beifall nicht zu gewinnen. In den „Invectiven"
heißt es:

„Den Magyarismus halte so fern als möglich Dir,
Man fühlt sonst, daß Du doch nur Zigeuner auf dem Clavier."

In London wohnte er im Drurylane=Theater einem
großen Concert bei. „Größtentheils holländische Musik,"
meldete er, „die Chöre sehr gut, wahrscheinlich wegen

vielmaliger Wiederholung. Anfangs auch die Solo=
stimmen gut. Endlich machte man sich's aber leichter
und es ging so schlecht, daß man sich die Ohren hätte
verhalten mögen. Madame Malibran sang ein paar
wenig bedeutende Dinge, wobei sie sich sehr gut selbst
auf dem Clavier accompagnirte. Sie ist eine hin=
reißende Frau." Im King=Theater hörte er den nor=
wegischen Violinkünstler Ole Bull. „Der Künstler,"
bemerkte er, „vortrefflich, was die mechanische Fähigkeit
betrifft. Der Körper Paganini's ohne seine Seele.
Selbst die Schwierigkeiten weiß er mit dem eigentlich
musikalischen Theil nicht so zu verbinden, daß sie zu=
sammen ein Ganzes ausmachten, sie bleiben meistens
ein Getrenntes. Kunststücke zum Bewundern. Mo=
scheles spielte eine Phantasie; d. h. phantasirte zu Hause
und spielte dann im Theater. Im Anfang sogar ohne
Bestimmtheit und Sicherheit, dann rollte es glatt weg.
Thalberg hat für mich die anderen Clavierspieler ver=
dorben. Seinen Ton muß man bei Moscheles nicht
suchen, selbst in Geläufigkeit, namentlich in den Octaven=
passagen steht er ihm nach."

In die Heimath zurückgekehrt, nahm Grillparzer
an dem Musikleben Wiens den regsten Antheil. Nach=
dem er sich schon früher in der Composition versucht
hatte, gab er nunmehr seine Rhapsodien für das Piano=
forte bei Haslinger heraus. Dabei beschäftigte ihn das
Studium der classischen Musik und seine Verehrung
für Mozart kannte keine Grenzen.

„Nächſt Raphael dem Maler der Madonnen
Steht er deßhalb ein gleichgeſchaarter Cherub,
Der Ausdruck und der Hüter wahrer Kunſt,
In der der Himmel ſich vermählt der Erde.“

Die zunehmenden Jahre fanden den Dichter in ſeiner einſeitigen muſikaliſchen Richtung unverändert dem Umſchwung, der ſich allmälig auf dem Gebiete der Opernmuſik ſeit dem Auftreten Richard Wagners zu vollziehen begann, begegnete er mit offenkundiger Feind= ſchaft.

„Erſcheint Freund Wagner auch denn auf der Bühne?
Ein magrer Geiſt mit einer Krinoline.“

Ein anderes Epigramm, „Der Compoſiteur“, kann ſich nur auf Wagner beziehen:

„Man ſagt, Du verachteſt die Melodie,
Schon das Wort erfüllt Dich mit Schauer;
So ging’s auch dem Fuchs, dem enthaltſamen Vieh,
Der fand die Trauben zu ſauer.“

Den zahlreichen Gegnern Richard Wagners gab Grillparzer willkommene Waffen in die Hand. Die Ouverture zum Tannhäuſer geißelte er in einer Satire: „Ich habe die Ouverture zum Tannhäuſer gehört,“ ſpottete er, „und bin entzückt. Heißt das gegenwärtig, denn während des Anhörens thaten mir die Ohren ziemlich weh. Ich bemerkte aber gleich, daß es ſich hier nicht um ein Vergnügen für das Ohr, ſondern um den Sinn und die tiefere Bedeutung handle. Ueber dieſe Bedeutung waren übrigens ich und einige neben mir ſitzende Kunſtfreunde, die damals gleich mir nicht einmal den Titel des Werkes kannten, sehr im Zweifel. Der Eine meinte, die Musik drücke den russisch-türkischen Krieg aus, wo die Posaunen und die Trompeten des christlichen Chores den Todesmuth der Russen, und das Zittern der Violinen die Furcht der Türken versinnlicht, obwohl in Wahrheit die Türken sich nicht sehr zu fürchten schienen. Ein Zweiter meinte, es stelle den Eisstoß dar. Zwei Andere dachten, der Eine auf die Erschaffung, der Andere auf den Untergang der Welt. Endlich gab uns ein freundlicher Mann, leider erst am Schlusse der Ouverture, das Programm des Verfassers. Nun erst waren wir im Klaren und beschlossen, diese herrliche Ouverture bei keiner späteren Aufführung zu versäumen. Ein alter Herr, der hinter uns saß, meinte zwar, man sollte lieber nur das Programm lesen und die Musik gar nicht hören, um die Meinung des Tondichters ganz zu fassen, aber wer wird auf Leute achten, die hinter der Zeit zurückgeblieben sind. Es lebe der Fortschritt!"

Auch gegen Hector Berlioz, den Sturm- und Drang-Componisten, schleuderte der Dichter seine Pfeile. Die Berlioz-Feier in Wien gab zu folgender Invective Veranlassung:

„Der Haydn ist doch gar zu alt,
Was soll uns solch' Gewinsel!
Wir malen auch wie er gemalt,
Doch mit dem groben Pinsel.

Und hält sie Mozart noch behext,
Sein Reich soll bald verschwinden,

Wir denken mit der Quint und Sext,
Bei ihm war's blos Empfinden.

Beethoven erst hob sich vom Staub,
Drum sei er unser Lehrer,
Heißt das, von da an, wo er taub,
So wünschen wir die Hörer."

Die Nothwendigkeit einer Opernreform hatten die Dichter der classischen Periode bereits anerkannt. Als erste Voraussetzung der Reorganisation galt ihnen die naturgemäße Vereinigung der Schwesterkünste, Dichtkunst und Musik. Grillparzer vertritt in seinen musikalisch-ästhetischen Studien einen den Anschauungen der Classiker geradezu entgegengesetzten Standpunkt. „Meine Behauptung geht dahin," heißt es in den ästhetischen Studien, „daß die Musik, abgesehen von dem Mangel an Talenten, in Deutschland auf dem Wege der Verschlechterung sei, weil sie sich aus ihrem eigenen Gebiete in das der Poesie hinüber begeben hat. Hier ist nun vor Allem nöthig, daß wir die Gebiete der verschiedenen Künste zu bestimmen suchen. Wie unähnlich sie jedoch im Einzelnen sein mögen, so kommen sie doch in den Hauptbestimmungen, aus einer und derselben Richtung des menschlichen Geistes, der Kunst angehörig, wie natürlich überein. Diese Grundbedingungen oder wesentlichen Bestandtheile aller Kunst nun sind: Der sinnliche Eindruck, die Empfindung, der Gedanke. Was Einen dieser Factoren entbehrt, gehört nicht mehr der Kunst an, verschieden aber ist das Maß des Antheils und die Stufenfolge, in der die verschiedenen Künste an denselben theilnehmen. Die Malerei (die Plastik mit einbegriffen) geht von sinnlichem Eindruck aus, erweckt dadurch den Gedanken und durch diesen die Empfindung. Die Musik, gleichfalls vom Sinn empfangen, geht jedoch unmittelbar auf die Empfindung über, und der Gedanke, der kaum je zum völligen Bewußtsein gelangt, ist in seiner Unbestimmtheit der letzte, gleichgültigste Bestand= theil des Wohlgefallens oder Mißfallens. Die Poesie endlich, die freilich auch sinnlich gehört oder gesehen werden muß, wo dann aus dem guten oder schlechten Fall der Verse allerdings ein Minimum von Lust oder Unlust entstehen mag, fängt doch eigentlich erst mit den den Worten entsprechenden Gedanken an, erregt durch ihre Verknüpfung die Empfindung, und die nicht von Außen hinein, sondern von Innen herausgehende Ver= sinnlichung ist erst die letzte Stufe der Vollendung. Diese Unterschiede, wie gleichgültig sie von vorneherein scheinen mögen, bestimmen doch wirklich das Gebiet der Künste." In den Aphorismen „zur Musik" führt Grill= parzer den Gedanken weiter aus. „Der übelste Dienst, den man in Deutschland den Künsten erweisen konnte, war wohl der, sie sämmtlich unter den Namen der Kunst zusammenzufassen. So viel Berührungspunkte sie unter sich allerdings wohl haben, so unendlich verschieden sind sie in den Mitteln, ja in den Grundbedingungen ihrer Ausübung. Wenn man den Grundunterschied der Musik und der Dichtkunst schlagend charakterisiren wollte, so müßte man darauf aufmerksam machen, wie die

Wirkung der Musik vom Sinnenreiz, vom Nervenspiel beginnt und, nachdem das Gefühl angeregt worden, höchstens in letzter Instanz an das Geistige gelangt, indeß die Dichtkunst zuerst den Begriff erweckt, nur durch ihn auf das Gefühl wirkt und als äußerste Stufe der Vollendung oder der Erniedrigung erst das Sinnliche theil nehmen läßt; der Weg beider ist daher gerade der umgekehrte. Die eine Vergeistigung des Körperlichen, die andere Verkörperung des Geistigen. Aus diesem theoretischen Unterschiede ergiebt sich nun aber ein wichtiger praktischer, in Bezug auf den Gebrauch des Häßlichen nämlich. Die Poesie darf das Häßliche (Unschöne) schon einigermaßen freigebig anwenden. Denn da die Wirkung der Poesie nur durch das Medium der unmittelbar von ihr erweckten Begriffe an das Gefühl gelangt, so wird die Vorstellung der Zweckmäßigkeit den Eindruck des Häßlichen (Unschönen) von vorneherein insoweit mildern, daß es als Reizmittel und Gegensatz sogar die höchste Wirkung hervorbringen kann. Der Eindruck der Musik aber wird unmittelbar vom Sinn empfangen und genossen, die Billigung des Verstandes kommt zu spät, um die Störungen des Mißfälligen wieder auszugleichen. Daher darf Shakespeare bis zum Gräßlichen gehen, Mozarts Grenze war das Schöne. Der oft gebrauchte Satz: die Musik ist eine Poesie in Tönen, ist ebensowenig wahr, als es der entgegengesetzte sein würde: Die Poesie ist eine Musik in Worten. Der Unterschied dieser beiden Künste liegt nicht blos in ihren

Mitteln; er liegt in den ersten Gründen ihres Wesens. Drei Hauptunterschiede im Wesen der Musik und Poesie müssen nothwendig auch eine große Verschiedenheit in den Gesetzen ihrer beiderseitigen Hervorbringungen veranlassen. Diese sind: Erstens, daß eine Verbindung von Tönen gefallen, ja sogar auf das Gemüth wirken kann, ohne daß man sich etwas dadurch Ausgedrücktes dabei bestimmt zu denken braucht, was bei Worten nicht der Fall ist, die immer nur durch ihren Sinn wirken. Zweitens, daß die Worte zunächst auf den Verstand und höchstens durch ihn auf die Sinne, die Töne aber zunächst auf die Sinne und nur durch sie entfernt auf den Verstand wirken. Drittens, daß Töne nur höchst allgemein und vag bezeichnen, und zwar fast allein Gefühle, nie Sachen; indeß das Wort mit der Schärfe des Begriffes bezeichnet. Ich möchte ein Gegenstück zu Lessings Laokoon: über die Grenzen der Musik und Poesie schreiben. Es müßte darin gezeigt werden, wie unsinnig es sei, die Musik bei der Oper zur bloßen Sclavin der Poesie zu machen und zu verlangen, daß erstere, mit Verleugnung ihrer eigenthümlichen Wirksamkeit, sich darauf beschränke, der Poesie unvollkommen nachzulallen mit ihren Tönen, was diese deutlich spricht mit ihren Begriffen. Es müßte aufmerksam darauf gemacht werden, um wie viel und worin der Kreis der Musik weiter ist und worin enger; wie verschieden die Art ihrer Wirkung ist, bei der Musik zuerst, als Sinn und Nervenreiz, nur mittelbar den Verstand berührend;

bei der Poesie erst durch das Medium des Verstandes
auf das Gemüth wirkend. Wie die Musik als eine
für sich bestehende Kunst ihre eigenen, an Regeln ge=
bundenen und in ihrer eigenen Wesenheit gegründeten
Bedingungen habe, die sie Niemandem, auch der Poesie
zuliebe nicht, aufgeben kann und darf; daß sie, wenn
sie ein Thema aufgefaßt hat, es organisch ausbilden
und zu Ende führen muß, die Poesie mag auch dagegen
einwenden, was sie will. Hier sei darauf hingedeutet, wie
selbst die größten, ja darunter die denkendsten Tonsetzer
in ihren Opern das vielmalige Wiederholen einzelner
Worte und Sätze, ja oft ganzer Stellen, zum großen
Skandal der Dichter nicht aufgeben wollen. Als
Grundsatz gelte: Keine Oper solle vom Gesichtspunkte
der Poesie betrachtet werden — von diesem aus ist
jede dramatisch=musikalische Composition Unsinn. —
sondern vom Gesichtspunkte der Musik: als ein musi=
kalisches Bild mit darunter geschriebenem, erklärendem
Texte. Ballet=Musik wäre eigentlich der Triumph der
Tonkunst, wenn sie einmal aus sich herausgeht, vor=
ausgesetzt, daß wir nämlich eigentliche Ballete hätten
und nicht Gauklersprünge. Es wird keinem Opern=
compositeur leichter sein, genau auf die Worte des
Textes zu setzen, als dem, der seine Musik mechanisch
zusammensetzt; da hingegen der, dessen Musik ein organi=
sches Leben, eine in sich selbst gegründete innere Noth=
wendigkeit hat, leicht mit den Worten in Collision
kommt. Jedes eigentlich melodische Thema hat nämlich

Bock, Deutsche Dichter. 17

sein inneres Gesetz der Bildung und Entwickelung das,
dem eigentlich musikalischen Genie heilig und unantast=
bar ist, und das er den Worten zu Gefallen nicht auf=
geben kann. Der musikalische Prosaist kann überall
anfangen und überall aufhören, weil Stücke und Theile
sich leicht versetzen und anders ordnen lassen; wer aber
Sinn für ein Ganzes hat, kann es nur entweder ganz
geben oder ganz bleiben lassen. Das soll nicht der
Vernachlässigung des Textes das Wort reden, sondern
sie nur in einzelnen Fällen entschuldigen, ja rechtfertigen.
Daher ist Rossini's kindisches Getändel doch mehr werth
als Mosels prosaische Verstandesnachäffung, welche das
Wesen der Musik zerreißt, um den hohlen Worten des
Dichters nachzustottern; daher kann man Mozarten
häufig Verstöße gegen den Text vorwerfen, Glucken
nie; daher ist das so gepriesene Charakteristische der
Musik häufig ein sehr negatives Verdienst, das sich
meistens darauf beschränkt, daß die Freude durch Nicht=
Traurigkeit, der Schmerz durch Nicht=Lustigkeit, die
Milde durch Nicht=Härte, der Zorn durch Nicht=Milde,
die Liebe durch Flöten und die Verzweiflung durch
Trompeten und Pauken mit obligaten Contrabässen
ausgedrückt wird. Der Situation muß der Tonsetzer
treu bleiben, den Worten nicht; wenn er bessere in
seiner Musik findet, so mag er immer die des Textes
übergehen. Dies führt wieder auf den schon öfter be=
merkten Unterschied zwischen Singspiel und Oper. Im
ersteren (wozu fast alle Opern des wahrhaft großen

Gluck gehören) dient die Musik dem Text, in der
zweiten ist der Text die Unterschrift des musikalischen
Bildes. Wäre die Musik in der Oper nur da, um
das noch einmal auszudrücken, was der Dichter schon
ausgedrückt hat, dann laßt mir die Töne weg, ich will
die Worte des Dichters allein lesen, denn die Musik=
begleitung wäre in diesem Falle denn doch nur ein
Kunststück, ein Gauklerversuch), mit andern, scheinbar
unzureichenden Darstellungsmitteln das zu erreichen,
was der Andere leichter, verständlicher und genügender
schon erreicht hat. Oder soll dadurch der Eindruck des
Gedichtes verstärkt werden? Das mag bei Gedichten
gelten, die keine sind, wie z. B. bei italienischen Opern=
texten; dann aber enthaltet Euch von eigentlichen Dichter=
werken und hört auf, zu klagen, daß nur schlechte
Dichter Euch Textbücher machen wollen. Aber das
Alles ist's nicht. Sämmtliche Künste, wenngleich aus
gemeinschaftlicher Wurzel entsprossen, sind streng getheilt
in ihren Gipfeln. Wo die Poesie aufhört, fängt die
Musik an. Wo der Dichter keine Worte mehr findet,
da soll der Musiker mit seinen Tönen eintreten. Wer
Deine Kraft kennt, Melodie! Die Du, ohne der Wort=
erklärung eines Begriffs zu bedürfen, unmittelbar aus
dem Himmel, durch die Brust wieder zum Himmel zu=
rückziehst, wer Deine Kraft kennt, wird die Musik nicht
zur Nachtreterin der Poesie machen: er mag der letz=
teren den Vorrang geben (und ich glaube, sie verdient
ihn auch, wie ihn das Mannesalter verdient vor der

17*

Kindheit), aber er wird auch der Ersteren ihr eigenes, unabhängiges Reich zugestehen und Beide wie Geschwister betrachten und nicht wie Herren und Knecht, oder auch nur wie Vormund und Mündel. — Die von einer Oper eine rein dramatische Wirkung fordern, sind gewöhnlich Jene, die dagegen auch von einem dramatischen Gedichte eine musikalische Wirkung begehren (d. i. Wirkung mit blinder Gewalt.)"

Grillparzers musikalische Aesthetik läßt sich nur aus seiner poetischen Eigenart begreifen. Seiner dichterischen Begabung war das Gefühl für den äußeren und inneren Rhythmus, der das Wesen der Lyrik ausmacht und sich mit der Melodie auf's Innigste berührt, sehr spärlich zugemessen. Konnte er aus diesem Grunde der nahen Verwandtschaft, die Dichtkunst und Musik mit einander verbinden, kein Verständniß entgegenbringen, so mußte ihn seine Theorie, jede der Schwesterkünste nur für sich gelten zu lassen, naturgemäß dazu verleiten, in seinen Gedanken über die Oper die wunderlichsten Dinge zum Kunstprincip zu erheben. Er sollte es nicht mehr erleben, daß sich die Idee des musikalischen Drama's, die er so hartnäckig bekämpft hatte, verwirklichte und daß der Componist des von ihm so vielgeschmähten Tannhäuser berufen war, das „Kunstwerk der Zukunft" aufzurichten.

Personalregister.